시원스쿨 **여행**

독일어

시원스쿨어학연구소 지음

S 시원스쿨닷컴

시원스쿨

여행독일어

초판 1쇄 발행 2024년 7월 16일

지은이 시원스쿨어학연구소
펴낸곳 (주)에스제이더블유인터내셔널
펴낸이 양홍걸 이시원

홈페이지 www.siwonschool.com
주소 서울시 영등포구 영신로 166 시원스쿨
교재 구입 문의 02)2014-8151
고객센터 02)6409-0878

ISBN 979-11-6150-863-4 10750
Number 1-531308-25252500-08

목차 CONTENTS

이 책의 구성 및 활용

미리 보는 여행 독일어 사전

급할 때 바로 찾아 말할 수 있도록 단어와 문장을 가나다 사전식으로 구성하였습니다.

상황별 단어

공항, 호텔, 식당 등 여행지에서 자주 쓰는 어휘를 한눈에 보기 쉽게 정리하였습니다.

상황별 표현

여행에 꼭 필요한 필수 표현들만 엄선하여 수록하였습니다. 독일어를 몰라도 말하기가 가능하도록 한글 발음을 표기하였습니다.

시원스쿨 여행 독일어만의 특별한 부록

테마별 단어 정리집 PDF

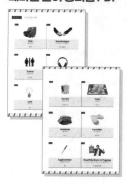

테마별 주요 단어들을 이미지와 함께 PDF로 제공합니다.

독일 여행 정보 PDF

독일 여행과 관련된 다양한 정보를 PDF로 제공합니다.

테마별 단어 정리집 PDF & 독일 여행 정보 PDF

시원스쿨 독일어(germany.siwonschool.com) 홈페이지 ▶ 학습지원센터 ▶ 공부자료실 ▶ 도서명 검색한 후 무료로 다운로드 가능합니다.

미리 보는
여행 독일어 사전

필요한 단어와 문장을 한글 순서로 제시하였습니다.
원하는 문장을 바로바로 찾아 말해 보세요.

ㄲ

ㄴ

빨리찾아

기내에서

01 좌석

Platz
[플랏츠]

· 당신 자리인가요?

이슷 다스 이어 플랏츠?
Ist das Ihr Platz?

· 제 자리인데요.

다스 이슷 마인 플랏츠.
Das ist mein Platz.

· 제 자리 어딘가요?

보 이슷 마인 플랏츠?
Wo ist mein Platz?

· 제 자리 차지 마세요.

트레튼 지 비트 니히트 아웁 마이
는 짓츠플랏츠.
Treten Sie bitte nicht auf
meinen Sitzplatz.

02 이거 $\mathcal{C}$

Das
[다스]

· 이거 뭐예요?
봐스 이슷 다스?
Was ist das?

· 이거 가져다주실 수 있어요?
쾨넨 지 미어 다스 브링엔?
Können Sie mir das bringen?

· 이거 안돼요.
다스 풍치오니엇 니히트.
Das funktioniert nicht.

· 이거 치워 주실 수 있어요?
쾨넨 지 다스 아우프로이믄?
Können Sie das aufräumen?

· 이거 바꿔 주실 수 있어요?
쾨넨 지 다스 벡셀른?
Können Sie das wechseln?

· 이거로 할게요.
이히 네므 다스.
Ich nehme das.

TIP "Kann ich …?"와 "Können Sie …?"는 직역하면 각각 "~ 할 수 있을까요?",
"~해 주실 수 있을까요?"가 되지만, 의미상 "~해 주세요."와 동일한 표현이다.

호텔 124p   식당 158p   관광 192p   쇼핑 220p   귀국 240p

33

03 안전벨트

Sicherheitsgurt
[지혀하이츠구어트]

· 안전벨트를 매세요.

비트 슈날렌 지 지히 안.
Bitte schnallen Sie sich an.

· 제 안전벨트가 없어요.

이히 하브 카이는 지혀하이츠구어트.
Ich habe keinen Sicherheitsgurt.

· 제 안전벨트가 헐렁해요.

마인 지혀하이츠구어트 이슷 쭈
로제.
Mein Sicherheitsgurt ist zu lose.

· 제 안전벨트가 타이트해요.

마인 지혀하이츠구어트 이슷 쭈 엥.
Mein Sicherheitsgurt ist zu eng.

04 화장실

Toilette
[토일레트]

· 화장실이 어디예요?

보 이슷 디 토일레트?
Wo ist die Toilette?

· 누가 화장실에 있어요?

이슷 예만트 아웁 데어 토일레트?
Ist jemand auf der Toilette?

· 이거 화장실 줄인가요?

이슷 디 쉴랑으 퓨어 디 토일레트? 기내
Ist die Schlange für die Toilette?

05 헤드폰 🎧

Kopfhörer
[콥프회어러]

· 헤드폰 가져다주실 수 있
어요?

쾨넨 지 미어 비트 콥프회어러 브
링엔?
Können Sie mir bitte Kopfhörer
bringen?

· 헤드폰이 안 되는데요.

마인 콥프회어러 풍치오니어렌 니
히트.
Meine Kopfhörer funktionieren
nicht.

· (책을 보여주며) 어디다
꽂아요?

보 무쓰 이히 지 아인슈텍큰?
Wo muss ich sie einstecken?

· 저 이거 가져도 돼요?

칸 이히 다스 밋네믄?
Kann ich das mitnehmen?

35

06 불

Licht
[리히트]

· 불 어떻게 켜요?

뷔 칸 이히 다스 리히트 안마흔?
Wie kann ich das Licht
anmachen?

· 불이 너무 밝아요.

다스 리히트 이슷 쭈 헬.
Das Licht ist zu hell.

· 불 좀 꺼주실 수 있어요?

쾨넨 지 비트 다스 리히트 아우스
샬튼?
Können Sie bitte das Licht
ausschalten?

07 냅킨

Serviette
[쎄어뷔에테]

· 냅킨 좀 주실 수 있어요?

쾨넨 지 미어 비트 아이느 쎄어뷔
에테 브링엔?
Können Sie mir bitte eine
Serviette bringen?

· 냅킨 좀 더 주실 수 있어요?　쾨넨 지 미어 비트 노흐 메어 쎄어 뷔에튼 게븐?
Können Sie mir bitte noch mehr Servietten geben?

08 마실 것 🥤　Getränk
[게트랭크]

· 마실 거 좀 주실 수 있어요?　쾨넨 지 미어 비트 에트봐스 쭘 트링켄 브링엔?
Können Sie mir bitte etwas zum Trinken bringen?

· 물 주세요.　아인 글라스 봐써, 비트.
Ein Glas Wasser, bitte.

· 오렌지 주스 주세요.　아이는 오헝쥰자프트, 비트.
Einen Orangensaft, bitte.

· 콜라 주세요.　아이느 콜라, 비트.
Eine Cola, bitte.

· 사이다 주세요.　아인 슈프라이트, 비트.
Ein Sprite, bitte.

· 커피 주세요.　　　　　　　아이는 카페, 비트.
　　　　　　　　　　　　　　Einen Kaffee, bitte.

· 맥주 주세요.　　　　　　　아인 비어, 비트.
　　　　　　　　　　　　　　Ein Bier, bitte.

· 와인 한 잔 주세요.　　　　아인 글라스 봐인, 비트.
　　　　　　　　　　　　　　Ein Glas Wein, bitte.

TIP 적포도주는 Rotwein[롤봐인], 백포도주는 Weißwein[봐이스봐인]이다.

---

09 식사 @⁹ Essen
[에쓴]

· 식사가 언제인가요?　　　　봔 콤트 다스 에쓴?
　　　　　　　　　　　　　　Wann kommt das Essen?

· 식사가 무엇인가요?　　　　봐스 베콤트 만 쭈 에쓴?
　　　　　　　　　　　　　　Was bekommt man zu Essen?

· 식사 나중에 할게요.　　　　이히 뫼히트 슈페터 에쓴.
　　　　　　　　　　　　　　Ich möchte später essen.

· 지금 저 식사할게요.　　　　이히 뫼히트 옛츳트 에쓴.
　　　　　　　　　　　　　　Ich möchte jetzt essen.

기내 30p　　　공항 46p　　　거리 68p　　　택시&버스 86p　전철&기차 104p

> **TIP** 루프트한자에서도 컵라면을 부탁할 수 있다. 컵라면은 Fertignudeln [풰어티히누델른]이다.

10 담요 ⊜   **Wolldecke**
[볼데케]

· 저 담요 없어요.

이히 하브 카이느 볼데케.
Ich habe keine Wolldecke.

· 담요 가져다주실 수 있어요?

쾨넨 지 미어 비트 아이느 볼데케
브링엔?
Können Sie mir bitte eine
Wolldecke bringen?

· 저 담요 하나만 더 주실 수
있어요?

쾨넨 지 미어 비트 아이느 안더레
볼데케 브링엔?
Können Sie mir bitte eine
andere Wolldecke bringen?

호텔 124p   식당 158p   관광 192p   쇼핑 220p   귀국 240p

11 슬리퍼 🩴

Pantoffeln
[판터펠은]

· 슬리퍼 있어요?

하븐 지 판터펠은?
Haben Sie Pantoffeln?

· 이 슬리퍼 불편해요.

디제 판터펠은 진트 미어 운안게
넴.
Diese Pantoffeln sind mir
unangenehm.

12 입국신고서 🗒️

Einreisekarte
[아인라이즈카아트]

· 입국 신고서 작성 좀 도와
주실 수 있어요?

쾨넨 지 미어 바이 데어 아인라이
즈포물라아우스퓰룽 헬픈?
Können Sie mir bei der
Einreiseformularausfüllung
helfen?

· (신고서를 보여주면서) 입국 신고서 한 장 더 주실 수 있어요?

쾨넨 지 미어 비트 노흐 아이느 아인라이즈카아트 게븐?

Können Sie mir bitte noch eine Einreisekarte geben?

13 세관신고서 📋 **Zollerklärung**
[촐에어클레어룽]

· 세관 신고서 작성 좀 도와 주실 수 있어요?

쾨넨 지 미어 헬픈, 디 촐에어클레어룽 아우스쭈퓔른?

Können Sie mir helfen, die Zollerklärung auszufüllen?

· (세관 신고서를 보여주면서) 이 신고서 한 장 더 주실 수 있어요?

쾨넨 지 미어 비트 노흐 아인 포물라 게븐?

Können Sie mir bitte noch ein Formular geben?

41

14 펜 ✏️

Kugelschreiber
[쿠겔슈라이버]

· 펜 좀 빌려주실 수 있어요? 쾨넨 지 미어 비트 아이는 쿠겔슈
라이버 라이엔?
Können Sie mir bitte einen
Kugelschreiber leihen?

· 이 펜 안 나와요. 디저 쿠겔슈라이버 슈라입트 니히
트.
Dieser Kugelschreiber schreibt
nicht.

· 다른 펜으로 주실 수 있어요? 쾨넨 지 미어 비트 아이는 안더렌
쿠겔슈라이버 게븐?
Können Sie mir bitte einen
anderen Kugelschreiber geben?

15 기내 면세품 / Steuerfreie Waren im Flugzeug

[슈터이어프라이에 봐렌 임 플룩초익]

· 기내 면세품 좀 보여 주실 수 있어요?

쾨넨 지 미어 디 봐렌 차이겐?
Können Sie mir die Waren zeigen?

· 신용카드 되나요?

진트 크레딧카아튼 악쳅티어트?
Sind Kreditkarten akzeptiert?

· 달러 되나요?

이슷 돌라 악쳅티어트?
Ist Dollar akzeptiert?

위급상황

· 저 두통이 있어요.

이히 하브 콥프슈메아츤.
Ich habe Kopfschmerzen.

· 두통약 좀 주실 수 있어요?

쾨넨 지 미어 아이느 콥프슈메아
츠타블레테 게븐?
Können Sie mir eine
Kopfschmerztablette geben?

· 저 복통이 있어요.

이히 하브 바우흐슈메아츤.
Ich habe Bauchschmerzen.

· 복통약 좀 주실 수 있어요?

쾨넨 지 미어 아이느 바우흐슈메
아츠타블레테 게븐?
Können Sie mir eine
Bauchschmerztablette geben?

· 저 어지러워요.

미어 아슷 슈뷘델리히.
Mir ist schwindelig.

· 저 아파요.

이히 빈 크랑크.
Ich bin krank.

· 저 (비행기) 멀미나요.

이히 하브 디 플룩크랑크하이트.
Ich habe die Flugkrankheit.

빨리찾아

09	~하러 왔어요	Ich bin gekommen um … [이히 빈 게코멘 움]
10	~에 묵을 거예요	Ich bin… untergebracht [이히 빈 운터게브라흐트]
11	여기 ~동안 있을 거예요	Ich bleibe hier für … [이히 블라이베 히어 퓨어]
12	수하물 찾는 곳	Gepäckausgabe [게팩아우쓰가브]
13	카트	Wagen [봐근]
14	분실	Verlust [풰얼루숫트]
15	제 거예요	Das ist mein … [다스 이슷 마인]
16	신고하다	angeben, verzollen [안게븐, 풰어쫄렌]

공항에서

01 게이트

Flugsteig
[플룩슈타익]

· 제 게이트를 못 찾겠어요.

이히 퓐데 덴 플룩슈타익 니히트.
Ich finde den Flugsteig nicht.

· 98번 게이트는 어디에 있
어요?

보 이슷 데어 플룩슈타익 누머 아
흐트운노인치히?
Wo ist der Flugsteig Nummer
98?

02 탑승

Einstieg
[아인슈틱]

· 탑승 언제 해요?

반 펭트 데어 아인슈틱 안?
Wann fängt der Einstieg an?

· 탑승하려면 얼마나
  기다려요?

뷔 랑으 무쓰 이히 비쓰 쭘 아인슈
틱 봐튼?
Wie lange muss ich bis zum
Einstieg warten?

03 연착 ⏱

Verspätung
[풰어슈페퉁]

· 제 비행기 연착됐어요?

핫 마인 플룩초익 풰어슈페퉁?
Hat mein Flugzeug Verspätung?

· 왜 연착됐어요?

봐룸 캄 에스 쭈어 풰어슈페퉁?
Warum kam es zur Verspätung?

· 언제까지 기다려요?

비스 봔 무쓰 이히 봐튼?
Bis wann muss ich warten?

04 다음
비행 편

nächster Flug
[네히스터 플룩]

· 다음 비행기는 언제예요?

봔 이슷 데어 네히스테 플룩?
Wann ist der nächste Flug?

· 다음 비행 편은 어떤 항공 사예요?

뷀혜 플룩리니에 이슷 데어 네히스테 플룩?
Welche Fluglinie ist der nächste Flug?

· 다음 비행 편은 얼마예요?

뷔 터이어 이슷 데어 네히스테 플룩?
Wie teuer ist der nächste Flug?

· 기다렸으니까 좌석 업그레이드해 주실 수 있어요?

쾨넨 지 미어 아인 업그레이드 게븐, 봐일 이히 게봐텥트 하브?
Können Sie mir ein Upgrade geben, weil ich gewartet habe?

05 면세점

Duty-Free-Laden
[듀티-프리-라든]

· 면세점 어디예요?

보 이슷 데어 듀티-프리-라든?
Wo ist der Duty-Free-Laden?

· 면세점 멀어요?

이슷 데어 듀티-프리-라든 봐잍 붹?
Ist der Duty-Free-Laden weit weg?

· 화장품 어디 있어요?

보 진트 코스메틱프로둑테?
Wo sind Kosmetikprodukte?

· 선물할 거예요.

다스 이슷 아인 게쉥크.
Das ist ein Geschenk.

06 환승

Umstieg
[움슈틱]

· 저 환승 승객인데요.

이히 슈타이게 움.
Ich steige um.

· 환승 라운지 어디예요?

보 이슷 디 움슈틱 렁쥐?
Wo ist die Umstieg Lounge?

· 경유해서 독일로 가요.

이히 슈타이게 움 운트 플리그 나
흐 더이췰란트.
Ich steige um und fliege nach
Deutschland.

07 출입국 관리소 Einreisebehörde

[아인라이즈베효어드]

· 출입국 관리소 어디로 가요?

보 퓐데 이히 디 아인라이즈베효어드?

Wo finde ich die Einreisebehörde?

· 입국 심사대 어디로 가요?

뷔 코메 이히 쭈어 아인라이즈콘트롤레?

Wie komme ich zur Einreisekontrolle?

08 왕복 티켓 Fahrkarten für hin- und zurück

[퐈카아튼 퓨어 힌 운 쭈뤽]

· 왕복 티켓 보여 주세요.

차이겐 지 이어레 퐈카아튼, 비트.

Zeigen Sie Ihre Fahrkarte, bitte.

53

· 왕복 티켓 있으세요?

하븐 지 아이느 퐈카아트 퓨어 힌 운 쭈뤽?

Haben Sie eine Fahrkarte für hin- und zurück?

· 네. 여기 제 왕복 티켓이요.

야, 히어 이슷 마이느 퐈카아트 퓨어 힌 운 쭈뤽.

Ja, hier ist meine Fahrkarte für hin- und zurück.

09 ~하러 왔어요 ☝? Ich bin gekommen um...

[이히 빈 게코멘 움]

· 휴가 보내러 왔어요.

이히 빈 게코멘, 움 퐤리엔 쭈 퐤어브링엔.

Ich bin gekommen, um Ferien zu verbringen.

· 출장 때문에 왔어요.

이히 빈 아웁 게쉐프츠라이즈.

Ich bin auf Geschäftsreise.

· 관광하러 왔어요.

이히 빈 알스 투어리스트 게코멘.
Ich bin als Tourist gekommen.

10 ~에 묵을 거예요 💤

Ich bin … untergebracht
[이히 빈 운터게브라흐트]

· 호텔에 묵을 거예요.

이히 빈 임 호텔 운터게브라흐트.
Ich bin im Hotel untergebracht.

· 게스트 하우스에 묵을 거예요.

이히 빈 임 게스테하우스 운터게브라흐트.
Ich bin im Gästehaus untergebracht.

· 지인 집에 묵을 거예요.

이히 빈 바이 아이늠 베칸튼 운터게브라흐트.
Ich bin bei einem Bekannten untergebracht.

호텔 124p   식당 158p   관광 192p   쇼핑 220p   귀국 240p

55

11 여기 ~ 동안 있을 거예요

Ich bleibe hier für ...
[이히 블라이베 히어 퓨어]

· 3일 동안 있을 거예요.

이히 블라이베 히어 퓨어 드라이 타그.

Ich bleibe hier für 3 Tage.

· 1주일 동안 있을 거예요.

이히 블라이베 히어 퓨어 아이느 보흐.

Ich bleibe hier für eine Woche.

· 2주일 동안 있을 거예요.

이히 블라이베 히어 퓨어 츠바이 보흔.

Ich bleibe hier für zwei Wochen.

· 한 달 동안 있을 거예요.

이히 블라이베 히어 퓨어 츠바이 모나테.

Ich bleibe hier für zwei Monate

TIP 1 eins [아인스], 2 zwei [츠바이], 3 drei [드라이], 4 vier [퓌어], 5 fünf [퓐프], 6 sechs [젝스], 7 sieben [지븐], 8 acht [아흐트], 9 neun [너인], 10 zehn [첸]

12 수하물 찾는 곳

공항

Gepäckausgabe
[게펙아우쓰가브]

· 수하물 어디서 찾아요?

보 베코메 이히 마인 게펙?
Wo bekomme ich mein
Gepäck?

· 수하물 찾는 곳이 어디예요?

보 이슷 디 게펙아우쓰가브?
Wo ist die Gepäckausgabe?

· 수하물 찾는 곳으로 데려다 주실 수 있어요?

쾨넨 지 미히 비트 쭈어 게펙아우 쓰가브 브링엔?
Können Sie mich bitte zur
Gepäckausgabe bringen?

13 카트

Wagen
[봐근]

· 캐리어용 카트 어디 있어요?

보 진트 디 게펙봐근?
Wo sind die Gepäckwagen?

· 카트 공짜예요?

진 디 봐근 코스튼프라이?
Sind die Wagen kostenfrei?

· 카트 고장 났나 봐요.   데어 봐근 이슷 카풋트.
Der Wagen ist kaputt.

· 카트가 없는데요.   에쓰 깁트 카이는 봐근.
Es gibt keinen Wagen.

14 분실   Verlust
[풰얼루숫트]

· 제 짐이 없는데요.   마인 게펵 이슷 니히트 다.
Mein Gepäck ist nicht da.

· 제 짐이 안 나왔어요.   마인 게펵 이슷 니히트 게코멘.
Mein Gepäck ist nicht
gekommen.

· 제 짐을 분실했나 봐요.   마인 게펵 이슷 풰얼로어렌.
Mein Gepäck ist verloren.

15 이거 제 거예요 Das ist mein ...
[다스 이슷 마인]

공항

· 이 캐리어 제 거예요.

다스 이슷 마인 코퍼.
Das ist mein Koffer.

· 이 카트 제 거예요.

다스 이슷 마인 봐근.
Das ist mein Wagen.

16 신고하다 angeben, verzollen
[안게븐, 풰어촐렌]

· 신고할 물건 없어요.

이히 하브 카이느 봐레 안쭈게븐.
Ich habe keine Ware
anzugeben.

· 신고할 물건 있어요.

이히 하브 아이느 봐레 쭘 안게븐.
Ich habe eine Ware zum
angeben.

· 신고하려면 어디로 가죠?

보힌 무쓰 이히 움 아이느 봐레 안
쭈게븐?
Wohin muss ich um eine Ware
anzugeben?

17 선물

Geschenk
[게쉥크]

· 이건 선물할 거예요.

다스 이슷 아인 게쉥크.
Das ist ein Geschenk.

· 이건 선물 받은 거예요.

이히 하브 다스 알스 게쉥크 베코멘.
Ich habe das als Geschenk
bekommen.

· 선물로 산 거예요.

이히 하브 에스 알스 게쉥크 게카우프트.
Ich habe es als Geschenk
gekauft.

18 출구

Ausgang
[아우쓰강]

· 출구 어디예요?

보 이슷 데어 아우쓰강?
Wo ist der Ausgang?

· 출구는 어느 쪽이에요?

인 뷀혀 리히퉁 이슷 데어 아우쓰강?

In welcher Richtung ist der Ausgang?

공항

· 출구를 못 찾겠어요.

이히 퓐데 덴 아우쓰강 니히트.

Ich finde den Ausgang nicht.

· 출구로 데려다주실 수 있어요?

쾨넨 지 미히 비트 쭘 아우쓰강 브링엔?

Können Sie mich bitte zum Ausgang bringen?

19 여행 안내소 Touristenbüro
[투어리스튼뷰로]

· 여행 안내소 어디예요?

보 이슷 다스 투어리스튼뷰로?

Wo ist das Touristenbüro?

· 여행 안내소로 데려다주실 수 있어요?

쾨넨 지 미히 비트 쭘 투어리스튼뷰로 브링엔?

Können Sie mich bitte zum Touristenbüro bringen?

· 지도 좀 주실 수 있어요?

쾨넨 지 미어 아이느 카아트 게븐?
Können Sie mir eine Karte
geben?

· 한국어 지도 있어요?

하븐 지 아이느 카아트 아웁 코레
아니쉬?
Haben Sie eine Karte auf
Koreanisch?

20 환전 🪙   Geldumtausch
[겔트움타우쉬]

· 환전하는 데 어디예요?

보 칸 이히 겔트 움타우슌?
Wo kann ich Geld umtauschen?

· 환전하는 데 데려다주실 수
있어요?

쾨넨 지 미히 비트 쭘 겔트움타우
쉬 브링엔?
Können Sie mich bitte zum
Geldumtausch bringen?

· 환전하려고 하는데요.

이히 뫼히트 겔트 움타우슌.
Ich möchte Geld umtauschen.

· 잔돈으로 주실 수 있어요?

쾨넨 지 에스 미어 인 뮨츤 게븐?
Können Sie es mir in Münzen geben?

21 택시 🚕

Taxi
[탁씨]

· 택시 어디서 탈 수 있어요?

보 칸 이히 아인 탁씨 네믄?
Wo kann ich ein Taxi nehmen?

· 택시 타는 데 데려다주실 수 있어요?

쾨넨 지 미히 비트 쭘 탁씨 브링 엔?
Können Sie mich bitte zum Taxi bringen?

· 택시 타면 비싼가요?

이슷 에스 터이어 밋 뎀 탁씨 쭈 파렌?
Ist es teuer mit dem Taxi zu fahren?

· 택시 타고 시내 가려고요.

이히 뫼히트 밋 뎀 탁씨 인 디 이느 슈타트 파렌.
Ich möchte mit dem Taxi in die Innenstadt fahren.

호텔 124p   식당 158p   관광 192p   쇼핑 220p   귀국 240p

· 택시 대신 뭐 탈 수 있어요?
봐쓰 칸 이히 안슈텔르 데스 탁씨스 네믄?
Was kann ich anstelle des Taxis nehmen?

22 셔틀버스 Shuttlebus
[셔틀부스]

· 셔틀버스 어디서 타요?
보 칸 이히 덴 셔틀부스 네믄?
Wo kann ich den Shuttlebus nehmen?

· 셔틀버스 몇 시에 출발해요?
움 뷔 필 우어 풰얼 데어 셔틀부스 로스?
Um wie viel Uhr fährt der Shuttlebus los?

· 이 셔틀버스 시내에 가요?
풰얼 데어 셔틀부스 인 디 이느슈타트?
Fährt der Shuttlebus in die Innenstadt?

· 셔틀버스 얼마예요?
뷔 필 코스테트 데어 셔틀부스?
Wie viel kostet der Shuttlebus?

TIP 셔틀버스 티켓은 정류장 주변에 있는 발권기 혹은 운전기사에게 직접 구매할 수 있다.

23 제일 가까운 ↔ am nächsten
[암 네히스튼]

· 가까운 호텔이 어디죠?
보 이슷 다스 네히스테 호텔?
Wo ist das nächste Hotel?

· 가까운 레스토랑이 어디죠?
보 이슷 다스 네히스테 레스토헝?
Wo ist das nächste Restaurant?

· 가까운 카페가 어디죠?
보 이슷 다스 네히스테 카페?
Wo ist das nächste Café?

· 가까운 화장실이 어디죠?
보 진트 디 네히스튼 토일레튼?
Wo sind die nächsten Toiletten?

· 가까운 지하철역이 어디죠?
보 이슷 디 네히스테 우-반 슈타치온?
Wo ist die nächste U-Bahn Station?

위급상황

· 인터넷 쓸 수 있는 데
  있어요?

보 칸 이히 인터넷 베눗츤?

Wo kann ich Internet benutzen?

· 와이파이 잡히는 데
  있어요?

깁트 에스 뷀란?

Gibt es WLAN?

· 현금 지급기 어디 있어요?

보 이슷 아인 겔트아우토맡트?

Wo ist ein Geldautomat?

· 편의점 어디 있어요?

보 이슷 아인 수퍼막크트?

Wo ist ein Supermarkt?

· 약국 어디 있어요?

보 이슷 아이느 아포테케?

Wo ist eine Apotheke?

· 흡연 구역 어디예요?

보 이슷 데어 라우허베라이히?

Wo ist der Raucherbereich?

TIP 무선 인터넷은 WLAN [뷀란]이라고 한다.

빨리찾아

08	구역	Bezirk [베치억크]
09	거리	Straße [슈트라쓰]
10	모퉁이	Ecke [에케]
11	골목	Gasse [가쎄]
12	걷다	gehen [게엔]
13	얼마나 걸려요	Wie lange dauert es? [뷔 랑으 다우얼트 에스]
14	고마워요	Danke [당케]

거리에서

01 어디 있어요 🔊?

Wo ist...?
[보 이슷트]

· 여기 어디에 있어요?
보 베핀데 이히 미히 히어?
Wo befinde ich mich hier?

· 이 레스토랑 어디 있어요?
보 이슷 디제스 레스토헝?
Wo ist dieses Restaurant?

· 이 백화점 어디 있어요?
보 이슷 디제스 카웁하우스?
Wo ist dieses Kaufhaus?

· 박물관 어디 있어요?
보 이슷 다스 무제움?
Wo ist das Museum?

· 미술관 어디 있어요?
보 이슷 디 쿤스트할레?
Wo ist die Kunsthalle?

· 버스 정류장 어디 있어요?
보 이슷 디 부스할테슛텔레?
Wo ist die Bushaltestelle?

· 지하철역 어디 있어요?
보 이슷 디 우-반 슈타치온?
Wo ist die U-Bahn Station?

· 택시 정류장 어디 있어요? 보 이슷 디 탁씨할테슛텔레?
Wo ist die Taxihaltestelle?

02 어떻게 가요 Wie komme ich zu…?
[뷔 코메 이히 쭈]

· 여기 어떻게 가요? 뷔 코메 이히 히어 힌?
Wie komme ich hier hin?

· 저기 어떻게 가요? 뷔 코메 이히 도아트 힌?
Wie komme ich dort hin?

· 이 주소로 어떻게 가요? 뷔 코메 이히 쭈 디저 아드레쎄?
Wie komme ich zu dieser
Adresse?

· 이 건물 어떻게 가요? 뷔 코메 이히 쭈 디즘 게보이드?
Wie komme ich zu diesem
Gebäude?

· 이 레스토랑 어떻게 가요?　뷔 코메 이히 쭈 디즘 레스토헝?
　　　　　　　　　　　　　Wie komme ich zu diesem
　　　　　　　　　　　　　Restaurant?

· 이 박물관 어떻게 가요?　뷔 코메 이히 쭈 디즘 무제움?
　　　　　　　　　　　　　Wie komme ich zu diesem
　　　　　　　　　　　　　Museum?

· 버스 정류장 어떻게 가요?　뷔 코메 이히 쭈어 부스할테슛텔
　　　　　　　　　　　　　레?
　　　　　　　　　　　　　Wie komme ich zur
　　　　　　　　　　　　　Bushaltestelle?

· 지하철역 어떻게 가요?　뷔 코메 이히 쭈어 우-반 슈타치
　　　　　　　　　　　　　온?
　　　　　　　　　　　　　Wie komme ich zur U-Bahn
　　　　　　　　　　　　　Station?

· 택시 정류장 어떻게 가요?　뷔 코메 이히 쭈어 탁씨할테슛텔
　　　　　　　　　　　　　레?
　　　　　　　　　　　　　Wie komme ich zur
　　　　　　　　　　　　　Taxihaltestelle?

03 찾다 🔍

suchen
[주흔]

· 저 여기 찾아요.

이히 주흐 디제 슛텔레.
Ich suche diese Stelle.

· 이 주소 찾아요.

이히 주흐 디제 아드레쎄.
Ich suche diese Adresse.

거리

· 레스토랑 찾아요.

이히 주흐 아인 레스토헝.
Ich suche ein Restaurant.

· 버스 정류장 찾아요.

이히 주흐 아이느 부스할테슛텔
레.
Ich suche eine Bushaltestelle.

· 택시 정류장 찾아요.

이히 주흐 아이느 탁씨할테슛텔
레.
Ich suche eine Taxihaltestelle.

· 지하철역 찾아요.

이히 주흐 아이느 우-반 슈타치온.
Ich suche eine U-Bahn Station.

호텔 124p   식당 158p   관광 192p   쇼핑 220p   귀국 240p

04 길

Weg
[벡]

· 이 길이 맞아요?

이슷 디저 벡 리히티히?
Ist dieser Weg richtig?

· 길 좀 알려줄 수 있어요?

쾨넨 지 미어 비트 덴 벡 에어클레
어렌?
Können Sie mir bitte den Weg
erklären?

· 이 방향이 맞아요?

이슷 디제 리히퉁 리히티히?
Ist diese Richtung richtig?

· 이 길이 아닌 것 같아요.

이히 글라우브, 다스 이슷 데어 팔
쉐 벡.
Ich glaube, das ist der falsche
Weg.

05 주소

Adresse
[아드레쎄]

· 이 주소 어디예요?

보 이슷 디제 아드레쎄?
Wo ist diese Adresse?

· 이 주소 어떻게 가요?

뷔 코메 이히 쭈 디저 아드레쎄?
Wie komme ich zu dieser
Adresse?

· 이 주소 아세요?

케넨 지 디제 아드레쎄?
Kennen Sie diese Adresse?

거리

· 이 주소로 데려다주실 수
있어요?

쾨넨 지 미히 비트 쭈 디저 아드레
쎄 브링엔?
Können Sie mich bitte zu dieser
Adresse bringen?

06 오른쪽 ↗

rechts
[레히츠]

· 오른쪽으로 가요.

게엔 지 나흐 레히츠.
Gehen Sie nach rechts.

· 오른쪽 모퉁이를 돌아요.

안 데어 에케 나흐 레히츠 아인비
근.
An der Ecke nach rechts
einbiegen.

호텔 124p   식당 158p   관광 192p   쇼핑 220p   귀국 240p

· 오른쪽으로 계속 가요.

아웁 데어 레히튼 자이트 봐이터
게엔.
Auf der rechten Seite weiter
gehen.

· 오른쪽 건물이에요.

에스 이슷 다스 레히테 게보이드.
Es ist das rechte Gebäude.

07 왼쪽

links
[링스]

· 왼쪽으로 가요.

게엔 지 나흐 링스.
Gehen Sie nach links.

· 왼쪽 모퉁이를 돌아요.

안 데어 에케 나흐 링스 아인비근.
An der Ecke nach links
einbiegen.

· 왼쪽으로 계속 가요.

아웁 데어 링켄 자이트 봐이터 게엔.
Auf der linken Seite weiter
gehen.

· 왼쪽 건물이에요.

에스 이슷 다스 링케 게보이드.
Es ist das linke Gebäude.

08 구역   **Bezirk**
[베치억크]

거리

· 이 구역을 돌아서 가요.

덴 베치억크 두어히라우픈.
Den Bezirk durchlaufen.

· 두 구역 더 가야 돼요.

지 뮤쎈 츠바이 베치어케 봐이터
라우픈.
Sie müssen zwei Bezirke weiter
laufen.

· 한 구역 더 가야 돼요.

지 뮤쎈 아이는 베치억크 봐이터
라우픈.
Sie müssen einen Bezirk weiter
laufen.

· 이 구역을 따라 쭉 내려가요.

라우픈 지 뎀 베치억크 폴근트 봐
이터.
Laufen Sie dem Bezirk folgend
weiter.

· 그 빌딩은 다음 구역에 있
어요.

다스 게보이드 이슷 아인 베치억
크 봐이터.
Das Gebaude ist ein Bezirk
weiter.

09 거리

Straße
[슈트라쓰]

· 5번 거리 어디예요?

보 이슷 디 슈트라쓰 퓐프?
Wo ist die Straße 5?

· 5번 거리로 데려다 주실 수 있어요?

쾨넨 지 미히 비트 쭈어 슈트라쓰 퓐프 브링엔?
Können Sie mich bitte zur Straße 5 bringen?

· 이 거리를 따라 쭉 가세요.

라우픈 지 디 슈트라쓰 엔틀랑.
Laufen Sie die Straße entlang.

· 이 다음 거리에 있어요.

에스 이슷 디 네히스테 슈트라쓰.
Es ist die nächste Straße.

10 모퉁이

Ecke
[에케]

· 이 모퉁이를 돌면 있어요.

지 뮤쓴 움 디 에케 비근.
Sie müssen um die Ecke biegen.

· 여기 돌면 있다고 했는데... 이히 다흐테, 벤 이히 히어 아인비
게, 자이 에스 도아트.
Ich dachte, wenn ich hier
einbiege, sei es dort.

· 여기 돌면 이 건물이 있
어요?
이슷 다스 게보이드 히어 안 데어
에케?
Ist das Gebäude hier an der
Ecke?

거리

· 여기 말고 다음 모퉁이로
가셔야 돼요.
니히트 히어, 비스 쭈어 네히스튼
에케 비트.
Nicht hier, bis zur nächsten
Ecke bitte.

11 골목

Gasse
[가쎄]

· 이 골목으로 들어가요? 졸 이히 인 디제 가쎄?
Soll ich in diese Gasse?

· 이 골목으로 들어가요. 게엔 지 인 디제 가쎄.
Gehen Sie in diese Gasse.

· 이 골목은 아니에요.　　　　다스 이슷 니히트 디제 가쎄.
　　　　　　　　　　　　　　Das ist nicht diese Gasse.

· 다음 골목이에요.　　　　　에스 이슷 디 네히스테 가쎄.
　　　　　　　　　　　　　　Es ist die nächste Gasse.

· 이 골목은 위험해요.　　　　디제 가쎄 이슷 게풰얼리히.
　　　　　　　　　　　　　　Diese Gasse ist gefährlich.

12 걷다 🚶

gehen
[게엔]

· 여기서 걸어갈 수 있어요?　　칸 이히 쭈 푸스 게엔?
　　　　　　　　　　　　　　Kann ich zu Fuß gehen?

· 얼마나 걸어요?　　　　　　뷔 랑으 다우얼 에스?
　　　　　　　　　　　　　　Wie lange dauert es?

· 뛰어서 가면요?　　　　　　운 뷀 이히 레네?
　　　　　　　　　　　　　　Und wenn ich renne?

· 걷기 싫은데 뭐 타면 돼요?　이히 뫼히트 니히트 쭈 푸스 게엔.
　　　　　　　　　　　　　　뷔 칸 이히 존스트 도아트힌?
　　　　　　　　　　　　　　Ich möchte nicht zu Fuß gehen.
　　　　　　　　　　　　　　Wie kann ich sonst dorthin?

13 얼마나 걸려요 ⊙ Wie lange dauert es?
[뷔 랑으 다우얼 에스]

· 여기서 얼마나 걸려요?

뷔 랑으 다우얼 에스 폰 히어?
Wie lange dauert es von hier?

· 걸어서 얼마나 걸려요?

뷔 랑으 다우얼 에스 쭈 푸스?
Wie lange dauert es zu Fuß?

거리

· 버스로 얼마나 걸려요?

뷔 랑으 다우얼 에스 밋 뎀 부스?
Wie lange dauert es mit dem
Bus?

· 지하철로 얼마나 걸려요?

뷔 랑으 다우얼 에스 밋 데어 우-
반?
Wie lange dauert es mit der
U-Bahn?

· 택시로 얼마나 걸려요?

뷔 랑으 다우얼 에스 밋 뎀 탁씨?
Wie lange dauert es mit dem
Taxi?

호텔 124p   식당 158p   관광 192p   쇼핑 220p   귀국 240p

14 고마워요 🗣

Danke
[당케]

· 고마워요!

당케 쇼엔!
Danke schön!

· 도와줘서 고마워요.

당케 퓨어 디 힐페.
Danke für die Hilfe.

위급상황

거리

· 저 길을 잃었어요.

이히 하브 미히 풰얼라우픈
Ich habe mich verlaufen.

· 저 여행객(남성)인데, 도와 주실 수 있어요?

이히 빈 아인 투어리스트. 쾨넨 지 미어 헬픈?
Ich bin ein Tourist. Können Sie mir helfen?

· 저 여행객(여성)인데, 도와 주실 수 있어요?

이히 빈 아이느 투어리스틴. 쾨넨 지 미어 헬픈?
Ich bin eine Touristin. Können Sie mir helfen?

· 소매치기 당했어요!

이히 부어데 베슈톨렌!
Ich wurde bestohlen!

· 경찰 불러 주실 수 있어요?

쾨넨 지 디 폴리차이 루픈?
Können Sie die Polizei rufen?

· 공중화장실 어디 있나요?

보 진 디 외펜틀리헨 토일레튼?
Wo sind die öffentlichen Toiletten?

· 화장실 좀 써도 되나요?　　다프 이히 디 토일레튼 베눗츤?
　　　　　　　　　　　　　　Darf ich die Toiletten benutzen?

· 저 돈 없어요.　　　　　　이히 하브 카인 겔트.
　　　　　　　　　　　　　　Ich habe kein Geld.

거리

빨리찾아

택시
&
버스

택시&버스에서

01 택시 정류장 🚕 **Taxihaltestelle**
[탁씨할테슛텔레]

· 택시 정류장 어디예요?	보 이슷 디 탁씨할테슛텔레? Wo ist die Taxihaltestelle?
· 택시 정류장이 가까워요?	이슷 디 탁씨할테슛텔레 인 데어 네에? Ist die Taxihaltestelle in der Nähe?
· 택시 어디서 탈 수 있어요?	보 칸 이히 아인 탁씨 네믄? Wo kann ich ein Taxi nehmen?
· 택시 정류장 걸어갈 수 있어요?	칸 이히 쭈어 탁씨할테슛텔레 라 우픈? Kann ich zur Taxihaltestelle laufen?

기내 30p   공항 46p   거리 68p   택시&버스 86p   전철&기차 104p

02 ~로 가 주실 수 있어요? 🔊

Können Sie mich bitte zu ...bringen?
[쾨넨 지 미히 비트 쭈 ...브링엔]

· 여기로 가 주실 수 있어요?	쾨넨 지 미히 비트 히어헤어 브링엔?
	Können Sie mich bitte hierher bringen?
· 이 주소로 가주실 수 있어요?	쾨넨 지 미히 비트 쭈 디저 아드레쎄 브링엔?
	Können Sie mich bitte zu dieser Adresse bringen?
· 이 호텔로 가주실 수 있어요?	쾨넨 지 미히 비트 쭈 디즘 호텔 브링엔?
	Können Sie mich bitte zu diesem Hotel bringen?

· 이 박물관으로 가 주실 수
있어요?

쾨넨 지 미히 비트 쭈 디즘 무제움
브링엔?

Können Sie mich bitte zu
diesem Museum bringen?

· 이 공원으로 가 주실 수 있
어요?

쾨넨 지 미히 비트 쭈 디즘 파아크
브링엔?

Können Sie mich bitte zu
diesem Park bringen?

· 시내로 가 주실 수 있어요?

쾨넨 지 미히 비트 쭈어 이는슈타
트 브링엔?

Können Sie mich bitte zur
Innenstadt bringen?

· 뮌헨 공항으로 가 주실 수
있어요?

쾨넨 지 미히 비트 쭘 플룩하픈 뮌
쉔 브링엔?

Können Sie mich bitte zum
Flughafen München bringen?

03 주소

Adresse
[아드레쎄]

· 이 주소 어딘지 아세요?
케넨 지 디제 아드레쎄?
Kennen Sie diese Adresse?

· 이 주소에서 가까운 데로 가 주실 수 있어요?
쾬넨 지 미히 비트 인 데어 네에 디저 아드레쎄 브링엔?
Können Sie mich bitte in die Nähe dieserAdressebringen?

택시 & 버스

04 요금

Gebühr
[게뷰어]

· 요금이 얼마예요?
뷔 필 코스텥트 에스?
Wie viel kos et es?

· 요금 얼마 드려야 하죠?
봐스 빈 이히 이넨 슐디히?
Was bin ich Ihnen schuldig?

· 현금으로 할게요.
이히 베찰레 인 바.
Ich bezahle in bar.

05 트렁크   **Kofferraum**
[코퍼라움]

· 트렁크 열어 주실 수 있어요?

쾨넨 지 덴 코퍼라움 외프넨?
Können Sie den Kofferraum
öffnen?

· 트렁크가 안 열려요.

데어 코퍼라움 레슷 지히 니히트
외프넨.
Der Kofferraum lässt sich nicht
öffnen.

· 이거 넣는 것 좀 도와주실 수 있어요?

쾨넨 지 미어 바임 풰어슈타우엔
헬픈?
Können Sie mir beim Verstauen
helfen?

· 이거 내리는 것 좀 도와주실 수 있어요?

쾨넨 지 미어 헬픈, 다스 쭈 엔틀라
든?
Können Sie mir helfen, das zu
entladen?

· 팁 드릴게요.

이히 게베 이는 트링겔트.
Ich gebe Ihnen Trinkgeld.

06 세워 주실 수 있어요?

Können Sie anhalten?
[쾨넨 지 안할튼]

· 여기서 세워 주실 수 있어요?

쾨넨 지 히어 안할튼?
Können Sie hier anhalten?

· 횡단보도에서 세워 주실 수 있어요?

쾨넨 지 암 푸스갱어위버벡 안할튼?
Können Sie am Fußgängerüberweg anhalten?

· 모퉁이 돌아서 세워 주실 수 있어요?

쾨넨 지 안 데어 에케 안할튼?
Können Sie an der Ecke anhalten?

· 한 구역 더 가서 세워 주실 수 있어요?

쾨넨 지 암 네히스튼 베치억크 안할튼?
Können Sie am nächsten Bezirk anhalten?

택시 & 버스

호텔 124p   식당 158p   관광 192p   쇼핑 220p   귀국 240p

07 잔돈 🪙

Kleingeld
[클라인겔트]

· 잔돈은 됐어요.

브할튼 지 다스 클라인겔트.
Behalten Sie das Kleingeld.

· 잔돈 왜 안주시나요?

봐룸 게븐 지 미어 카인 클라인겔
트?
Warum geben Sie mir kein
Kleingeld?

· 동전으로 드려도 되나요?

칸 이히 에스 이는 인 뮨츤 게븐?
Kann ich es Ihnen in Münzen
geben?

08 버스 정류장 🚏

Bushaltestelle
[부스할테슛텔레]

· 버스 정류장 어디예요?

보 이슷 디 부스할테슛텔레?
Wo ist die Bushaltestelle?

· 버스 정류장 가까워요?

이슷 디 부스할테슛텔레 인 데어 네에?

Ist die Bushaltestelle in der Nähe?

· 버스 정류장 걸어갈 수 있어요?

칸 이히 쭈어 부스할테슛텔레 라 우픈?

Kann ich zur Bushaltestelle laufen?

09 ~행 버스 Bus nach, für, zu ~
[부스 나흐, 퓨어, 쭈]

· 이거 시내 가는 버스예요?

이슷 다스 데어 부스 퓨어 디 이는 슈타트?

Ist das der Bus für die Innenstadt?

· 이거 공항 가는 버스예요?

이슷 다스 데어 부스 쭘 플룩하픈?

Ist das der Bus zum Flughafen?

· 이거 지하철역 가는 버스
  예요?

이슷 다스 데어 부스 쭈어 우–반
할테슛텔레?
Ist das der Bus zur U-Bahn
Haltestelle?

10 반대쪽 🪃

Die andere Seite,
gegenüber
[디 안더레 자이트, 게겐위버]

· 반대쪽에서 타야 됩니다.

지 뮤쓴 아웁 디 안더레 자이트.
Sie müssen auf die andere
Seite.

· 반대쪽으로 가려면 어디로
  가요?

뷔 코에 이히 쭈어 안더렌 자이트?
Wie komme ich zur anderen
Seite?

· 반대쪽 버스가 시내에 가요?

게엍 데어 부스 아웁 데어 안더렌
자이트 인 디 이느슈타트?
Geht der Bus auf der anderen
Seite in die Innenstadt?

11 기다리다 ✋

warten
[봐튼]

· 얼마나 기다려요?

뷔 랑으 무쓰 이히 봐튼?
Wie lange muss ich warten?

· 오래 기다려야 돼요?

무쓰 이히 랑으 봐튼?
Muss ich lange warten?

· 10분 기다리세요.

봐튼 지 첸 미누튼.
Warten Sie zehn Minuten.

· 기다리지 마세요. 여기 안
와요.

봐튼 지 니히트 히어. 데어 부스 콤
트 니히트.
Warten Sie nicht hier. Der Bus
kommt nicht.

택시
&
버스

12 환승 �

Umstieg
[움슈틱]

· 어디에서 환승해요?

보 무쓰 이히 움슈타이근?
Wo muss ich umsteigen?

· 몇 번으로 환승해요?

인 뷀혜 누머 무쓰 이히 움슈타이
근?
In welche Nummer muss ich
umsteigen?

13 내려요 aussteigen
[아우스슈타이근]

· 저 여기서 내려요.

이히 무쓰 히어 아우스슈타이근.
Ich muss hier aussteigen.

· 저 어디서 내려야 돼요?

보 무쓰 이히 아우스슈타이근?
Wo muss ich aussteigen?

· 여기서 내려야 하나요?

무쓰 이히 히어 아우스슈타이근?
Muss ich hier aussteigen?

· 내려야 할 때 알려 주실 수
있어요?

쾨넨 지 미어 자겐, 반 이히 아우스
슈타이근 무쓰?
Können Sie mir sagen, wann
ich aussteigen muss?

14 정거장

Haltestelle
[할테슛텔레]

· 몇 정거장 가야 돼요?

뷔 필레 할테슛텔렌 무쓰 이히 퐈렌?

Wie viele Haltestellen muss ich fahren?

· 이번 정거장에서 내리나요?

무쓰 이히 안 디저 할테슛텔레 아우스슈타이근?

Muss ich an dieser Haltestelle aussteigen?

택시
&
버스

위급상황

· 창문 좀 열어도 되죠?

다프 이히 다스 펜스터 외프넨?
Darf ich das Fenster öffnen?

· 창문 좀 닫아 주실래요?

쾨넨 지 다스 펜스터 슐리쓴?
Können Sie das Fenster
schließen?

· 옷이 끼었어요.

마이느 클라이둥 슈텍트 페스트.
Meine Kleidung steckt fest.

· 왜 돌아가요?

봐룸 비겐 지 움?
Warum biegen Sie um?

· 돌아가는 거 같은데요!

에스 슈아인트, 알스 옵 지 움게보
근 진트!
Es scheint, als ob Sie
umgebogen sind!

· 저 못 내렸어요!

이히 콘테 니히트 아우스슈타이근!
Ich konnte nicht aussteigen!

· 여기서 내려야 되는데! 이히 졸테 히어 아우스슈타이근!
Ich sollte hier aussteigen!

· 세워주세요! 할튼 지 안!
Halten Sie an!

· 잔돈 없어요. 이히 하브 카인 클라인겔트.
Ich habe kein Kleingeld.

· 잔돈 주실 수 있어요? 쾨넨 지 미어 클라인겔트 게븐?
Können Sie mir Kleingeld
geben?

· 지폐도 받나요? 네믄 지 아우흐 겔트슈아이느?
Nehmen Sie auch Geldscheine?

· 벨 어디 있어요? 보 이슷 디 클링엘?
Wo ist die Klingel?

· 벨이 손에 안 닿네요. 이히 코메 니히트 안 디 클링엘 란
Ich komme nicht an die Klingel
ran.

· 벨 눌러 주실래요?

쾨넨 지 디 클링엘 드뤼켄?
Können Sie die Klingel
drücken?

· 문 좀 열어주실 수 있어요?

쾨넨 지 디 튜어 외프넨?
Können Sie die Tür öffnen?

· 문이 안 열려요.

디 튜어 레슷 지히 니히트 외프넨.
Die Tür lässt sich nicht öffnen.

택시
&
버스

· 문이 안 닫혔어요.

디 튜어 슐리숫트 지히 니히트.
Die Tür schließt sich nich.

· 문에 스카프가 끼었어요!

마인 슈아알 슈텍트 인 데어 튜어
Mein Schal steckt in der Tür!

· 문에 손이 끼었어요!

마이느 한트 슈텍트 인 데어 튜어
Meine Hand steckt in der Tür!

· 저기요, 당신 머리카락이
창문에 끼었어요.

엔츌디궁, 이어 하아 슈텍트 임 펜
스터
Entschuldigung, Ihr Haar steckt
im Fenster.

빨리찾아

09	편도	Einzelfahrt [아인첼퐈아트]
10	왕복	Hin- und Rückfahrt [힌 운 륙퐈아트]
11	~로 가는 표	Ticket nach, für … [티켓 나흐, 퓨어]
12	승강장	Bahnsteig [반슈타익]
13	환승	Umstieg [움슈틱]
14	식당 칸	Speisewagen [슈파이즈봐근]
15	일반석	Zweite Klasse [츠바이테 클라쓰]
16	1등석	Erste Klasse [에어스테 클라쓰]

전철
&
기차

전철&기차에서

01 지하철역 U-Bahn Station
[우-반 슈타치온]

· 지하철역 어디예요?

보 이슷 디 우-반 슈타치온?
Wo ist die U-Bahn Station?

· 지하철역 어떻게 가요?

뷔 코메 이히 쭈어 우-반 슈타치온?
Wie komme ich zur U-Bahn Station?

· 여기가 지하철역이에요?

이슷 다스 디 우-반 슈타치온?
Ist das die U-Bahn Station?

· 지하철역 여기서 멀어요?

이슷 디 우-반 슈타치온 봐일 뷀 폰 히어?
Ist die U-Bahn Station weit weg von hier?

---

02 기차역 🚂

Bahnhof
[반호프]

· 기차역 어디예요?

보 이슷 데어 반호프?
Wo ist der Bahnhof?

· 기차역 어떻게 가요?

뷔 코메 이히 쭘 반호프?
Wie komme ich zum Bahnhof?

· 여기가 기차역이에요?

이슷 다스 데어 반호프?
Ist das der Bahnhof?

· 기차역 여기서 멀어요?

이슷 데어 반호프 봐일 뷁 폰 히어?
Ist der Bahnhof weit weg von
hier?

전철
&
기차

호텔 124p   식당 158p   관광 192p   쇼핑 220p   귀국 240p

03 호선

Linie
[리니에]

· 여기 갈 건데 몇 호선 타요?

이히 뫼히트 히어 힌. 뷀혜 리니에 무쓰 이히 네믄?
Ich möchte hier hin. Welche Linie muss ich nehmen?

· 이 노선 타면 여기 가나요?

뷀 이히 디제 리니에 네므, 코메 이히 도아트 힌?
Wenn ich diese Linie nehme, komme ich dort hin?

· 이 노선으로 갈아탈 거예요.

이히 뷔어데 인 디제 리니에 움슈타이근.
Ich werde in diese Linie umsteigen.

04 노선도

U-Bahn Plan
[우-반 플란]

· 노선도는 어디 있어요?

보 이슷 데어 우-반 플란?
Wo ist der U-Bahn Plan?

· 노선도 하나 받을 수 있
어요?

칸 이히 아이는 우-반 플란 베코
멘?
Kann ich einen U-Bahn Plan
bekom men?

· 노선도 보는 것 좀 도와주
실 수 있어요?

쾨넨 지 미어 헬픈, 덴 우-반 플란
쭈 레즌?
Können Sie mir helfen, den
U-Bahn Plan zu lesen?

05 시간표

Fahrplan
[파플란]

전철
&
기차

· 시간표 어디서 보나요?

보 이슷 데어 파플란?
Wo ist der Fahrplan?

· 시간표 보여 주실 수 있
어요?

쾨넨 지 미어 덴 파플란 차이겐?
Können Sie mir den Fahrplan
zeigen?

· 시간표가 복잡해요.

데어 파플란 이슷 콤플리치얼트.
Der Fahrplan ist kompliziert.

· 시간표 보는 것 좀 도와주실 수 있어요?

쾨넨 지 미어 헬픈, 덴 파 플란 쭈 레즌?

Können Sie mir helfen, den Fahrplan zu lesen?

06 매표소 🏳

Fahrkartenschalter
[퐈카아튼슈알터]

· 매표소 어디예요?

보 이슷 데어 퐈카아튼슈알터?

Wo ist der Fahrkartenschalter?

· 매표소 어떻게 가요?

뷔 코메 이히 쯤 퐈카아튼슈알터?

Wie komme ich zum Fahrkartenschalter?

· 매표소로 데려다주실 수 있어요?

쾨넨 지 미히 비트 쯤 퐈카아튼슈알터 브링엔 ?

Können Sie mich bitte zum Fahrkartenschalter bringen?

· 표 살 거예요.

이히 카우풰 아이느 퐈카아트.

Ich kaufe eine Fahrkarte.

07 발권기 ⟍ᅱ

Fahrkartenautomat
[퐈카아튼아우토맡트]

· 발권기 어디 있어요?

보 이슷 데어 퐈카아튼아우토맡트?
Wo ist der Fahrkartenautomat?

· 발권기 어떻게 써요?

뷔 베눝츠트 만 덴 퐈카아튼아우토
맡트?
Wie benutzt man den
Fahrkartenautomat?

· 발권기가 안 되는데요.

데어 퐈카아튼아우토맡트 풍치오
니엇트 니히트.
Der Fahrkartenautomat
funktioniert nicht.

· 발권기 쓰는 것 좀 도와주
실 수 있어요?

쾨넨 지 미어 헬픈, 덴 퐈카아튼아
우토맡트 쭈 베디는?
Können Sie mir helfen, den
Fahrkartenautomat zu edienen?

· 제 표가 안 나와요.

마이느 퐈카아트 콤트 니히트 헤라
우스.
Meine Fahrkarte kommt nicht
heraus.

전철
&
기차

---

08 급행 열차   Direktzug
[디렉트쭉]

· 여기로 가는 급행 열차 있어요?

깁트 에스 아이는 디렉트쭉 히어 힌?

Gibt es einen Direktzug hierhin?

· 급행 열차는 얼마예요?

뷔 필 코스텥트 데어 디렉트쭉?

Wie viel kostet der Direktzug?

· 급행 열차 어디서 타요?

보 네므 이히 덴 디렉트쭉?

Wo nehme ich den Direktzug?

· 급행 열차는 몇 시에 있어요?

움 뷔 필 우어 풰얕트 데어 디렉트 쭉?

Um wie viel Uhr fährt der Direktzug?

09 편도

Einzelfahrt
[아인첼퐈아트]

· 편도로 2장 주세요.	츠바이말 아이느 아인첼퐈아트, 비트. Zweimal eine Einzelfahrt, bitte.
· 편도로 달라고 했어요.	이히 볼테 아이느 아인첼퐈아트 Ich wollte eine Einzelfahrt.
· 이거 편도 표 맞아요?	이슷 다스 아이느 아인첼퐈카아트? Ist das eine Einzelfahrkarte?
· 이거 편도로 바꿀 수 있어요?	칸 이히 다스 인 아이느 아인첼퐈카아트 움뷀셀른? Kann ich das in eine Einzelfahrkarte umwechseln?

전철
&
기차

호텔 124p   식당 158p   관광 192p   쇼핑 220p   귀국 240p

10 왕복 🚃 Hin- und Rückfahrt
[힌 운 륙파아트]

· 왕복으로 한 장이요.
아인말 힌 운 륙파아트, 비트.
Einmal Hin- und Rückfahrt, bitte.

· 왕복으로 달라고 했어요.
이히 볼테 힌 운 륙파아트.
Ich wollte Hin- und Rückfahrt.

· 이거 왕복표 맞아요?
이슷 다스 아이느 힌 운 륙파카아트?
Ist das eine Hin- und Rückfahrkarte?

· 이거 왕복으로 바꿀 수 있어요?
칸 이히 다스 인 힌 운 륙파아트 움뵉셀른?
Kann ich das in Hin- und Rückfahrt umwechseln?

11 ~로 가는 표 Ticket nach, für …
[티켓 나흐, 퓨어]

· 여기 가는 표 한 장이요.

아인 티켓 퓨어 히어, 비트.
Ein Ticket für hier, bitte.

· 오페라 역으로 가는 표 한 장이요.

아인 티켓 퓨어 디 오퍼 슈타치온, 비트.
Ein Ticket für die Oper Station, bitte.

· 여기 가는 표 얼마예요?

뷔 필 코스텥트 아인 티켓 나흐 히어?
Wie viel kostet ein Ticket nach hier?

전철 & 기차

12 승강장

Bahnsteig
[반슈타익]

· 8번 승강장 어디예요?

보 이슷 데어 반슈타익 아흐트?
Wo ist der Bahnsteig 8?

· 승강장을 못 찾겠어요.

이히 퓐데 덴 반슈타익 니히트.
Ich finde den Bahnsteig nicht.

· 승강장으로 데려가주실 수
있어요?

쾨넨 지 미히 비트 쭘 반슈타익 브
링엔?
Können Sie mich bitte zum
Bahnsteig bringen?

13 환승

Umstieg
[움슈틱]

· 환승하는 데 어디예요?
보 무쓰 이히 움슈타이근?
Wo muss ich umsteigen?

· 환승 여기서 해요?
무쓰 이히 히어 움슈타이근?
Muss ich hier umsteigen?

· 여기로 가려면 환승해야 돼요?
무쓰 이히 움슈타이근, 벤 이히 히어 힌 뫼히트?
Muss ich umsteigen, wenn ich hier hin möchte?

· 환승하려면 여기서 내려야 돼요?
무쓰 이히 히어 쭘 움슈타이근 아우스슈타이근?
Muss ich hier zum Umsteigen aussteigen?

전철
&
기차

14 식당 칸 🍴

Speisewagen
[슈파이즈봐근]

· 식당 칸 있어요?

깁트 에스 아이는 슈파이즈봐근?
Gibt es einen Speisewagen?

· 식당 칸 어디예요?

보 이슷 데어 슈파이즈봐근?
Wo ist der Speisewagen?

· 식당 칸에서 멀어요?

이슷 데어 슈파이즈봐근 봐일 벡?
Ist der Speisewagen weit weg?

· 식당 칸에서 가까운 자리로 주실 수 있어요?

쾨넨 지 아이는 플랏츠 인 데어 네에 폼 슈파이즈봐근 게븐?
Können Sie einen Platz in der Nähe vom Speisewagen geben?

15 일반석 🪑   **Zweite Klasse**
[츠바이테 클라쓰]

· 일반석 하나 주세요.

아인 플랏츠 인 데어 츠바이튼 클
라쓰, 비트.
Ein Platz in der zweiten Klasse,
bitte.

· 일반석 남았어요?

깁트 에스 플렛체 인 데어 츠바이
튼 클라쓰?
Gibt es Plätze in der zweiten
Klasse?

· 일반석은 얼마예요?

뷔 필 코스텥트 아인 플랏츠 인 데
어 츠바이튼 클라쓰?
Wie viel kostet ein Platz in der
zweiten Klasse?

전철
&
기차

호텔 124p   식당 158p   관광 192p   쇼핑 220p   귀국 240p

16 1등석 🪑   Erste Klasse
[에어스테 클라쓰]

· 1등석 하나 주세요.   아인 플랏츠 인 데어 에어스튼 클
                              라쓰, 비트.
                              Ein Platz in der ersten Klasse,
                              bitte.

· 1등석은 얼마예요?   뷔 필 코스텥트 아인 플랏츠 인 데
                              어 에어스튼 클라쓰?
                              Wie viel kostet ein Platz in der
                              ersten Klasse?

· 1등석은 뭐가 좋아요?   봐스 이슷 데어 포어타일 폰 데어
                              에어스튼 클라쓰?
                              Was ist der Vorteil von der
                              ersten Klasse?

위급상황

01 분실했어요

Ich habe etwas verloren.
[이히 하브 에트봐스 풰얼로어렌]

02 표

Fahrkarte
[퐈카아트]

03 실수하다

falsch machen
[퐐쉬 마흔]

· 표를 분실했어요.

이히 하브 마이느 파카아트 퀘얼로어렌.
Ich habe meine Fahrkarte verloren.

· 일일 승차권을 분실했어요.

이히 하브 마이느 타게스카아트 퀘얼로어렌.
Ich habe meine Tageskarte verloren.

· 지하철에 가방을 놓고 내렸어요.

이히 하브 마이느 타쉐 인 데어 우-반 페어게쓴.
Ich habe meine Tasche in der U-Bahn vergessen

· 분실물 센터가 어디예요?

보 이슷 다스 푼트뷰로?
Wo ist das Fundbüro?

· 표가 안 나와요.

디 퐈카아트 콤트 니히트 헤라우스.

Die Fahrkarte kommt nicht heraus.

· 표를 잘못 샀어요.

이히 하브 아인 퐐쉐스 티켓.

Ich habe ein falsches Ticket.

· 열차 잘못 탔어요.

이히 하브 덴 퐐쉔 쭉 게노믄.

Ich habe den falschen Zug genommen.

전철
&
기차

TIP 독일에서 교통수단을 이용할 때, 항시 검표원(Fahrkartenkontrolleur)을 만날 가능성이 있기에 도착지에 내려 전철역을 떠날 때까지 반드시 표를 소지하고 있어야 한다. 만약, 검표원을 만났을 때, 표를 가지고 있지 않으면 벌금을 물어야 한다.

빨리찾아

호텔

호텔

호텔에서

01 로비

Rezeption
[레쳅치온]

· 로비가 어디예요?

보 이슷 디 레쳅치온?
Wo ist die Rezeption?

· 로비를 못 찾겠는데요.

이히 퓐드 디 레쳅치온 니히트.
Ich finde die Rezeption nicht.

02 예약

Reservierung
[레저비어룽]

· 예약했어요.

이히 하브 아이네 레저비어룽.
Ich habe eine Reservierung.

· 예약 안 했어요.

이히 하브 카이네 레저비어룽.
Ich habe keine Reservierung.

· 이 사이트로 예약했는데요.

이히 하브 위버 디제 자이트 레저비얻트.

Ich habe über diese Seite reserviert.

· 예약을 제 이름 Max로 했어요.

이히 하브 아이느 레저비어룽 아웁 마이느 나멘 막스.

Ich habe eine Reservierung auf meinen Namen Max.

03 체크인

Einchecken
[아인쳌큰]

호텔

· 체크인 하려고요.

이히 뫼히트 아인쳌큰.

Ich möchte einchecken.

· 체크인 어디서 해요?

보 칸 이히 아인쳌큰?

Wo kann ich einchecken?

· 체크인은 몇 시에 하나요?

움 뷔 필 우어 칸 만 아인췍큰?
Um wie viel Uhr kann man
einchecken?

· 체크인 하기 전에 짐 맡길 수 있어요?

칸 이히 포어 뎀 아인췍큰 다스 게 펙 압게븐?
Kann ich vor dem Einchecken
das Gepäck abgeben?

04 침대

Bett
[베트]

· 싱글 침대로 주세요.

아인 아인첼베트, 비트.
Ein Einzelbett, bitte.

· 더블 침대로 주세요.

아인 도펠베트, 비트.
Ein Doppelbett, bitte.

· 트윈 침대로 주세요.

츠바이 아인첼베튼, 비트.
Zwei Einzelbetten, bitte.

· 제일 큰 침대 주실 수 있 어요?

쾨넨 지 미어 다스 그료스테 베트 게븐?
Können Sie mir das größte Bett
geben?

· 제일 큰 침대 있는 방은
얼마예요?

뷔 필 코스텔트 다스 침머 밋 뎀 그
뢰스튼 베트?
Wie viel kostet das Zimmer mit
dem größten Bett?

05 조식 🍴

Frühstück
[프류슈튀크]

· 조식은 어디서 먹어요?

보 깁트 에스 프류슈튀크?
Wo gibt es Frühstück?

· 조식은 몇 시예요?

움 뷔 필 우어 깁트 에스 프류슈튀
크?
Um wie viel Uhr gibt es
Frühstück?

호텔

· 조식으로 뭐가 있죠?

봐스 깁트 에스 쭘 프류슈튀크?
Was gibt es zum Frühstück?

· 조식 몇 시까지예요?

비스 뷔 필 우어 깁트 에스 프류슈
튀크?
Bis wie viel Uhr gibt es
Frühstück?

· 조식 포함하면 얼마예요?

뷔 필 코스텔트 에스 인클루지브
프류슈튝크?
Wie viel kostet es inklusive
Frühstück?

06 얼마 🦴?

Wie viel...?
[뷔 필]

· 1박에 얼마예요?

뷔 필 코스텔트 아이느 나흐트?
Wie viel kostet eine Nacht?

· 2박에 얼마예요?

뷔 필 코스튼 츠바이 네히테?
Wie viel kosten zwei Nächte?

· 할인 받을 수 있어요?

칸 이히 라밭트 베코멘?
Kann ich Rabatt bekommen?

· 방 업그레이드 하면
얼마예요?

뷔 필 코스텔트 아인 찜머 업그뤠
이드?
Wie viel kostet ein Zimmer-
Upgrade?

07 신용카드

Kreditkarte
[크레딧카아트]

· 신용카드 되나요?

악첵티어렌 지 크레딧카아튼?
Akzeptieren Sie Kreditkarten?

· 현금으로 할게요.

이히 베차알르 인 바.
Ich bezahle in bar.

· 할인 없나요?

깁트 에스 라밭트?
Gibt es Rabatt?

08 엘리베이터

Aufzug
[아웁쭉]

호텔

· 엘리베이터 어디 있어요?

보 이슷 데어 아웁쭉?
Wo ist der Aufzug?

· 엘리베이터가 안 열려요.

디 아웁쭉튜어 외프넷 지히 니히
트.
Die Aufzugtür öffnet sich nicht.

· 로비 가려고요.

이히 뫼히트 인 디 아인강스할르.
Ich möchte in die Eingangshalle.

09 몇 층 ?

Welcher Stock...?
[벨혀 슈톡크]

· 제 방 몇 층이에요?
인 벨헴 슈톡크 이슷 마인 침머?
In welchem Stock ist mein Zimmer?

· 수영장 몇 층에 있어요?
인 벨헴 슈톡크 이슷 다스 슈뷤바트?
In welchem Stock ist das Schwimmbad?

· 운동하는 데 몇 층에 있어요?
인 벨헴 슈톡크 이슷 데어 슈포아트라움?
In welchem Stock ist der Sportraum?

· 스파 몇 층에 있어요?
인 벨헴 슈톡크 이슷 데어 웰니스베라이히?
In welchem Stock ist der Wellnesbereich?

· 1층에 있어요.
임 에앧드게쇼쓰.
Im Erdgeschoss.

기내 30p   공항 46p   거리 68p   택시&버스 86p   전철&기차 104p

· 2층에 있어요.　　　　　　임 에어스튼 슈톡크.

Im ersten Stock.

TIP 독일에서는 한국의 1층이 0층에 해당한다. 즉, 독일에서 2층은 우리식 3층으로 이해하면 된다. 0층은 Erdgeschoss[에얼드게쇼쓰]이다.

10 방 키 🔑

Zimmerschlüssel
[침머슐류쓸]

· 방 키 하나 더 얻을 수 있어요?

칸 이히 아이는 봐이터렌 슐류쓸 베코멘?

Kann ich einen weiteren Schlüssel bekommen?

· 방 키 없어졌어요.

이히 퓐드 마이느 침머슐류쓸 니 히트.

Ich finde meinen Zimmerschlüssel nicht.

· 방 키가 안돼요.

데어 침머슐류쓸 풍치오니엇트 니 히트.

Der Zimmerschlüssel funktioniert nicht.

호텔 124p　　식당 158p　　관광 192p　　쇼핑 220p　　귀국 240p

11 짐 🧳   Gepäck
[게펙]

· 짐 맡길 수 있어요?

칸 이히 마인 게펙 압게븐?
Kann ich mein Gepäck
abgeben?

· 짐 올려 주실 수 있어요?

쾨넨 지 마인 게펙 호흐브링엔?
Können Sie mein Gepäck
hochbringen?

· 이거 제 짐이 아니에요.

다스 이슷 니히트 마인 게펙.
Das ist nicht mein Gepäck.

· 제 짐이 없어졌어요.

마인 게펙 이슷 퓌얼로어렌.
Mein Gepäck ist verloren.

· 제 짐 찾아 주실 수 있어요?

쾨넨 지 비트 마인 게펙 주흔?
Können Sie bitte mein Gepäck
suchen?

12 내 방

mein Zimmer
[마인 침머]

· 제 방이 어디죠?

보 이슷 마인 침머?
Wo ist mein Zimmer?

· 제 방을 못 찾겠어요.

이히 퓐드 마인 침머 니히트.
Ich finde mein Zimmer nicht.

· 제 방이 어두워요.

마인 침머 이슷 둥켈.
Mein Zimmer ist dunkel.

· 제 방이 너무 밝아요.

마인 침머 이슷 쭈 헬.
Mein Zimmer ist zu hell.

· 제 방이 너무 더워요.

마인 침머 이슷 쭈 하이스.
Mein Zimmer ist zu heiß.

· 제 방이 너무 추워요.

마인 침머 이슷 쭈 칼트.
Mein Zimmer ist zu kalt.

· 제 방에서 안 좋은 냄새가
나요.

마인 침머 리힡트 코미쉬.
Mein Zimmer riecht komisch.

호텔

호텔 124p   식당 158p   관광 192p   쇼핑 220p   귀국 240p

13 수건 🧽

Handtuch
[한투흐]

· 수건이 없어요.

에스 깁트 카이느 한튜혀.
Es gibt keine Handtücher.

· 수건 깨끗한 걸로 주실 수
있어요?

쾨넨 지 미어 자우버레 한튜혀 게
븐?
Können Sie mir saubere
Handtücher geben?

· 큰 수건으로 주실 수 있
어요?

쾨넨 지 미어 아인 그로쎄쓰 한투
흐 게븐?
Können Sie mir ein großes
Handtuch geben?

14 칫솔 🪥

Zahnbürste
[차안뷰어스테]

· 칫솔 주실 수 있어요?

쾨넨 지 미어 아이느 차안뷰어스
테 게븐?
Können Sie mir eine Zahnbürste
geben?

· 칫솔 하나 더 주실 수 있어요?	쾨넨 지 미어 아이느 봐이터레 차안뷰어스테 게븐? Können Sie mir eine weitere Zahnbürste geben?
· 치약 주실 수 있어요?	쾨넨 지 미어 차안파스타 게븐? Können Sie mir Zahnpasta geben?
· 치실 있어요?	하븐 지 차안자이데? Haben Sie Zahnseide?

15 베개   Kopfkissen
[콥프키쓴]

· 베개 하나 더 주실 수 있어요?	쾨넨 지 미어 아인 봐이터레스 콥프키쓴 게븐? Können Sie mir ein weiteres Kopfkissen geben?
· 베개가 너무 딱딱해요.	마인 콥프키쓴 이슷 쭈 하아트. Mein Kopfkissen ist zu hart.
· 베개가 너무 높아요.	마인 콥프키쓴 이슷 쭈 호흐. Mein Kopfkissen ist zu hoch.

- 베개가 너무 낮아요.

마인 콥프키쓴 이슷 쭈 니드리히.
Mein Kopfkissen ist zu niedrig.

- 베개 큰 거 있어요?

하븐 지 아인 그로쎄스 콥프키쓴?
Haben Sie ein großes
Kopfkissen?

16 드라이기

Föhn
[푄]

- 드라이기 주실 수 있어요?

쾨넨 지 미어 아이는 푄 게븐?
Können Sie mir einen Föhn
geben?

- 방에 드라이기가 없어요.

에스 이슷 카인 푄 임 침머.
Es ist kein Föhn im Zimmer.

- 드라이기 고장났어요.

데어 푄 이슷 카풋트.
Der Föhn ist kaputt.

- 드라이기 잘 안돼요.

데어 푄 풍치오니엇트 니히트.
Der Föhn funktioniert nicht.

17 물 🥤

Wasser
[봐써]

· 물이 안 나와요.

아우스 뎀 봐써한 콤트 카인 봐써.
Aus dem Wasserhahn kommt
kein Wasser.

· 물이 뜨거워요.

다스 봐써 이슷 하이스.
Das Wasser ist heiß.

· 물이 차가워요.

다스 봐써 이슷 칼트.
Das Wasser ist kalt.

· 물 온도 조절이 안 돼요.

디 봐써템퍼라투어 레슷 지히 니
히트 레굴리어렌.
Die Wassertemperatur lässt
sich nicht regulieren.

호텔

· 샤워기에서 물이 안 나와요.

다스 봐써 데어 두쉐 콤트 니히트
헤라우스.
Das Wasser der Dusche kommt
nicht heraus.

· 변기 물이 안 내려가요.

다스 봐써 인 데어 토일레트 슈퓰트 니히트 압.

Das Wasser in der Toilette spült nicht ab.

18 인터넷 📶 Internet
[인터넷]

· 인터넷이 안 돼요.

다스 인터넷 풍치오니엇트 니히트.

Das Internet funktioniert nicht.

· 랜선이 없어요.

에스 깁트 카인 란 카벨.

Es gibt kein LAN Kabel.

· 와이파이가 안 잡혀요.

다스 뷀란 풍치오니엇트 니히트.

Das WLAN funktioniert nicht.

· 와이파이 잡히는 데 어디 예요?

보 칸 이히 뷀란 베눗촌?

Wo kann ich WLAN benutzen?

· 컴퓨터 쓸 수 있는 데 어디예요?

보 칸 이히 아이는 콤퓨터 베눗츤?

Wo kann ich einen Computer benutzen?

TIP 호텔 로비에 무료 와이파이 아이디와 비밀번호를 부탁하면 알려준다. 하지만 로비에서 한정적으로 이용할 수 있는 곳도 있으니 참고하자.

19 텔레비전

Fernseher
[풰안제어]

· 텔레비전이 안 나와요.

데어 풰안제어 풍치오니엇트 니히트.

Der Fernseher funktioniert nicht.

· 리모컨이 안 돼요.

디 풰안베디눙 풍치오니엇트 니히트.

Die Fernbedienung funktioniert nicht.

호텔

20 청소하다 🧹

putzen
[풋즌]

· 청소해 주실 수 있어요?

쾨넨 지 마인 침머 풋즌?
Können Sie mein Zimmer putzen?

· 청소가 안 되어 있어요.

에스 이슷 니히트 게풋츠트.
Es ist nicht geputzt.

· 청소 안 해 주셔도 됩니다.

지 뮤쓴 니히트 풋즌.
Sie müssen nicht putzen.

· 오후에 청소해 주실 수 있어요?

쾨넨 지 마인 침머 암 나흐미탁 풋즌?
Können Sie mein Zimmer am Nachmittag putzen?

· 쓰레기통이 안 비워져 있어요.

데어 뮬아이머 이슷 니히트 엔틀레엇트.
Der Mülleimer ist nicht entleert.

21 모닝콜 ☀️🎵

Weckruf
[벡루프]

· 모닝콜해 주실 수 있어요?

쾨넨 지 미히 비트 암 모어겐 아웁 벡큰?
Können Sie mich bitte am Morgen aufwecken?

· 7시에 해 주세요.

움 지븐 우어, 비트.
Um sieben Uhr, bitte.

· 모닝콜 취소할게요.

이히 뫼히트 덴 벡루프 뷔더루픈.
Ich möchte den Weckruf widerrufen.

· 모닝콜 연달아 두 번 해 주실 수 있어요?

쾨넨 지 미히 비트 츠바이말 인 폴그 암 모어겐 안루픈?
Können Sie mich bitte zweimal in Folge am Morgen anrufen?

호텔

호텔 124p   식당 158p   관광 192p   쇼핑 220p   귀국 240p

22 룸서비스 Zimmerservice
[침머서비스]

· 룸서비스 시킬게요.

이히 뫼히트 침머서비스.
Ich möchte Zimmerservice.

· 룸서비스 메뉴 보고
싶어요.

이히 뫼히트 디 슈파이즈카아트
폼 침머서비스 제엔.
Ich möchte die Speisekarte vom
Zimmerservice sehen.

· 룸서비스로 아침 가져다주
실 수 있어요?

칸 데어 침머서비스 다스 프류슈
튝크 인스 침머 브링엔?
Kann der Zimmerservice das
Frühstück ins Zimmer bringen?

· 룸서비스로 와인 가져다주
실 수 있어요?

칸 데어 침머서비스 봐인 인스 침
머 브링엔?
Kann der Zimmerservice Wein
ins Zimmer bringen?

23 세탁 서비스

Reinigungsservice
[라이니궁스서비스]

· 세탁 서비스 신청할게요.

이히 뫼히트 덴 라이니궁스서비스
인 안슈프루흐 네믄.
Ich möchte den Reinigungs-
service in Anspruch nehmen.

· 세탁 서비스 언제 와요?

반 콤트 데어 라이니궁스서비스?
Wann kommt der
Reinigungsservice?

· 세탁물이 망가졌어요.

마이느 클라이둥 이슷 체어슈퇴어
트.
Meine Kleidung ist zerstört.

호텔

24 체크아웃

Auschecken
[아우쓰췍큰]

· 체크아웃 할게요.

이히 뫼히트 아우쓰췍큰.
Ich möchte auschecken.

· 체크아웃 몇 시예요?

움 뷔 필 우어 칸 이히 아우쓰췍 큰?
Um wie viel Uhr kann ich auschecken?

· 하루 더 연장할게요.

이히 뫼히트 움 아이는 탁 풰어랭언.
Ich möchte um einen Tag verlängern.

25 계산서 📄

Rechnung
[레히눙]

· 계산서 보여 주실 수 있어요?

쾨넨 지 미어 디 레히눙 차이겐?
Können Sie mir die Rechnung zeigen?

· 계산서 틀렸어요.

디 레히눙 이슷 퐐쉬.
Die Rechnung ist falsch.

· 자세한 계산서 보여 주실 수 있어요?

쾨넨 지 미어 디 게나우으 레히눙 차이겐?
Können Sie mir die genaue Rechnung zeigen?

26 추가 요금 ➕

Zusatzgebühr
[추잣츠게뷰어]

· 추가 요금이 붙었는데요?

히어 진트 추잣츠게뷰어렌?
Hier sind Zusatzgebühren?

· 어떤 게 추가된 거예요?

뷀혜 추잣츠게뷰어 진트 에스?
Welche Zusatzgebühren sind
es?

· 이 추가 요금 설명해 주실
수 있어요?

쾬넨 지 디제 추잣츠게뷰어렌 에
어클레어렌?
Können Sie diese
Zusatzgebühren erklären?

27 미니바 🔲

Minibar
[미니바]

· 미니바 이용 안 했는데요.

이히 하브 디 미니바 니히트 베눗
츠트.
Ich habe die Minibar nicht
benutzt.

· 미니바에서 물만 마셨어요. 이히 하브 누어 봐써 아우스 데어
미니바 게투룽큰.
Ich habe nur Wasser aus der
Minibar getrunken.

· 미니바에서 맥주만 마셨어요. 이히 하브 누어 비어 아우스 데어
미니바 게투룽큰.
Ich habe nur Bier aus der
Minibar getrunken.

· 미니바 요금이 잘못됐어요. 디 게뷰어 데어 미니바 이슷 팔쉬.
Die Gebühr der Minibar ist
falsch.

28 요금 💸 Gebühr
[게뷰어]

· 이 요금은 뭐죠? 뷀혜 게뷰어 이슷 다스?
Welche Gebühr ist das?

· 요금이 더 나온 거 같은데요. 이히 글라우브, 디 게뷰어 이슷 쭈
호흐.
Ich glaube, die Gebühr ist zu
hoch.

· 요금 합계가 틀렸어요.

다스 게잠트베트락 이슷 팔쉬.
Der Gesamtbetrag ist falsch.

29 택시 🚗

Taxi
[탁씨]

· 택시 좀 불러 주실 수 있어요?

쾨넨 지 아인 탁씨 루픈?
Können Sie ein Taxi rufen?

· 택시비가 비싼가요?

이슷 아인 탁씨 터이어?
Ist ein Taxi teuer?

· 택시로 어디 가시나요?

보힌 뷜렌 지 밋 뎀 탁씨?
Wohin wollen Sie mit dem Taxi?

호텔

30 공항 ✈

Flughafen
[플룩하픈]

· 공항 갈 거예요.

이히 뫼히트 쭘 플룩하픈.
Ich möchte zum Flughafen.

· 공항 가려면 뭐 타요?

봐스 무쓰 이히 네믄, 벤 이히 쭘 플룩하픈 뫼히트?

Was muss ich nehmen, wenn ich zum Flughafen möchte?

· 공항 가는 버스 있어요?

깁트 에스 아이는 부스 쭘 플룩하픈?

Gibt es einen Bus zum Flughafen?

위급상황

호텔

· 텔레비전이 고장이에요. 데어 풰안제어 이슷 카풋트.
Der Fernseher ist kaputt.

· 컴퓨터가 고장이에요. 데어 콤퓨터 이슷 카풋트.
Der Computer ist kaputt.

· 전화기가 고장이에요. 다스 텔레폰 이슷 카풋트.
Das Telefon ist kaputt.

· 샤워기가 고장이에요. 디 두쉐 이슷 카풋트.
Die Dusche ist kaputt.

· 비데가 고장이에요. 다스 비데 이슷 카풋트.
Das Bidet ist kaputt.

· 문이 안 열려요. 이히 칸 디 튜어 니히트 외프넨.
Ich kann die Tür nicht öffnen.

· 화장실 문이 안 열려요. 이히 칸 디 바데침머튜어 니히트
외프넨.
Ich kann die Badezimmertür
nicht öffnen.

· 방에 갇혔어요.

이히 빈 임 침머 아인게슈페아트.
Ich bin im Zimmer eingesperrt.

· 엘리베이터에 갇혔어요.

이히 빈 임 아웁쭉 아인게슈페아트.
Ich bin im Aufzug eingesperrt.

· 화장실에 갇혔어요.

이히 빈 임 바데침머 아인게슈페아트.
Ich bin im Badezimmer
eingesperrt.

· 방 키를 잃어버렸어요.

이히 하브 마이느 침머슐류쓸 풰얼로어렌.
Ich habe meinen
Zimmerschlüssel verloren.

· 여권을 잃어버렸어요.

이히 하브 마이느 라이제파스 풰얼로어렌.
Ich habe meinen Reisepass
verloren.

호텔

· 휴대폰을 잃어버렸어요. 이히 하브 마인 핸디 풰얼로어렌.
Ich habe mein Handy verloren.

· 노트북을 잃어버렸어요. 이히 하브 마이는 랩톱 풰얼로어
렌.
Ich habe meinen Laptop
verloren.

· 귀중품을 잃어버렸어요. 이히 하브 아이는 붸아트게겐슈탄
트 풰얼로어렌.
Ich habe einen Wertgegenstand
verloren.

· 룸서비스가 안 와요. 데어 침머서비스 콤트 니히트.
Der Zimmerservice kommt
nicht.

· 속이 안 좋아요. 이히 퓔레 미히 니히트 굳.
Ich fühle mich nicht gut.

· 배가 아파요. 이히 하브 바우흐슈메아츤.
Ich habe Bauchschmerzen.

· 머리가 아파요.

이히 하브 콥프슈메아츤.
Ich habe Kopfschmerzen.

· 응급차 불러 주실 수 있
어요?

쾨넨 지 아이는 크랑켄봐근 루픈?
Können Sie einen
Krankenwagen rufen?

호텔

빨리찾아

09	수프	Suppe [주페]
10	샐러드	Salat [잘랏트]
11	스테이크	Steak [스테이크]
12	해산물	Meeresfrüchte [메어레스프류힉테]
13	닭	Hähnchen [헨헨]
14	음료	Getränk [게트랭크]
15	포크	Gabel [가블]
16	나이프	Messer [메써]

식당

17	디저트	Nachspeise [나흐슈파이제]
18	휴지	Toilettenpapier [토일레튼파피어]
19	계산서	Rechnung [레히눙]
20	신용카드	Kreditkarte [크레딧카아트]
21	팁	Trinkgeld [트링겔트]
22	햄버거	Hamburger [햄버거]
23	감자튀김	Pommes Frites [폼 프릿츠]
24	세트	Menü [메뉴]

25	단품	einzeln [아인첼른]
26	여기서 먹을게요	zum hier Essen [쭘 히어 에쓴]
27	포장이요	zum Mitnehmen [쭘 밋네믄]
28	소스	Soße [소쎄]
29	얼음	Eis [아이스]
30	냅킨	Serviette [쎄어뷔에테]
31	뜨거운	heiß [하이스]
32	아이스	Eis [아이스]

식당

호텔 124p   식당 158p   관광 192p   쇼핑 220p   귀국 240p

33	우유	**Milch** [밀히]
34	사이즈	**Größe** [그료쎄]
35	케이크	**Kuchen** [쿠흔]
36	베이글	**Bagel** [베이글]
37	샌드위치	**Sandwich** [쌘드위치]
38	와이파이	**WLAN** [뷀란]
39	화장실	**Toilette** [토일레트]

식당에서

01 2명이요

zwei Personen
[츠바이 페아조는]

· 2명이요.

아인 티쉬 퓨어 츠바이 페아조는, 비트.
Ein Tisch für zwei Personen, bitte.

· 3명이요.

아인 티쉬 퓨어 드라이 페아조는, 비트.
Ein Tisch für drei Personen, bitte.

· 혼자예요.

이히 빈 알라이느.
Ich bin alleine.

식당

호텔 124p   식당 158p   관광 192p   쇼핑 220p   귀국 240p

02 예약

Reservierung
[레저비어룽]

· 예약했어요.
이히 하브 레저비얼트.
Ich habe reserviert.

· 예약 안 했어요.
이히 하브 니히트 레저비얼트.
Ich habe nicht reserviert.

· 2명으로 예약했어요.
이히 하브 퓨어 츠바이 페아조는 레저비얼트.
Ich habe für zwei Personen reserviert.

· 3명으로 예약했어요.
이히 하브 퓨어 드라이 페아조는 레저비얼트.
Ich habe für drei Personen reserviert.

· 제 이름 Max로 예약했어요.
이히 하브 아웁 덴 나멘 막스 레저비얼트.
Ich habe auf den Namen Max reserviert.

03 테이블 🍸

Tisch
[티쉬]

· 다른 자리로 주실 수 있어요?	쾨넨 지 미어 아이는 안더렌 플랏츠 게븐? Können Sie mir einen anderen Platz geben?
· 창가 자리로 주실 수 있어요?	쾨넨 지 미어 아인 플랏츠 암 펜스터 게븐? Können Sie mir einen Platz am Fenster geben?

04 웨이터 🤵

Kellner
[켈너]

식당

· 여기요!	엔츌디궁! Entschuldigung!
· 매니저를 불러 주실 수 있어요?	쾨넨 지 덴 게쉡츠퓨어러 루픈? Können Sie den Geschäftsführer rufen?

05 주문하다 **bestellen**
[베슈텔렌]

· 주문하시겠어요?

뫼히튼 지 베슈텔렌?
Möchten Sie bestellen?

· 주문할게요.

이히 뫼히트 베슈텔렌.
Ich möchte bestellen.

06 메뉴 **Menü**
[메뉴]

· 메뉴 어떤 걸로 하실래요?

뷀헤스 메뉴 뫼히튼 지?
Welches Menü möchten Sie?

· 오늘의 메뉴는 뭐죠?

봐스 이슷 디 타게스카아트?
Was ist die Tageskarte?

· 메뉴 잘못 나왔어요.

이히 하브 아인 퐐쉐스 메뉴 베코
멘.
Ich habe ein falsches Menü
bekommen.

07 추천 👍

Empfehlung
[엠퓌엘룽]

· 메뉴 추천해 주실래요?

쾨넨 지 미어 아인 메뉴 엠퓌엘른?
Können Sie mir ein Menü
empfehlen?

· 이 둘 중에 뭘 추천해요?

뷀혜스 폰 바이든 엠퓌엘른 지?
Welches von beiden empfehlen
Sie?

· 와인 추천해 주실 수 있어요?

쾨넨 지 미어 아이는 봐인 엠퓌엘
른?
Können Sie mir einen Wein
empfehlen?

08 애피타이저

Vorspeise
[포어슈파이제]

· 애피타이저는 어떤 걸로
하실래요?

봐스 뫼히튼 지 알스 포어슈파이
제?
Was möchten Sie als
Vorspeise?

호텔 124p 식당 158p 관광 192p 쇼핑 220p 귀국 240p

식당

· 애피타이저 추천해
주실래요?

쾨넨 지 아이느 포어슈파이제 엠
풰엘른?
Können Sie eine Vorspeise
empfehlen?

09 수프 🥣

Suppe
[주페]

· 수프는 어떤 게 있죠?

봐스 퓨어 주펜 하븐 지?
Was für Suppen haben Sie?

· 오늘의 수프가 있어요?

깁트 에스 아이느 타게스주페?
Gibt es eine Tagessuppe?

10 샐러드 🥗

Salat
[잘랏트]

· 샐러드 대신 수프로 주실
수 있어요?

칸 이히 슈타트 잘라트 아이느 주
페 베코멘?
Kann ich statt Salat eine Suppe
bekommen?

· 그냥 기본 샐러드 주세요.

덴 게미쉬튼 잘라트, 비트.
Den gemischten Salat, bitte.

· 샐러드 드레싱은 뭐가
있어요?

봐스 퓨어 잘라트소쎈 하븐 지?
Was für Salatsoßen haben Sie?

11 스테이크

Steak
[스테이크]

· 스테이크로 할게요.

이히 뫼히트 아인 스테이크, 비트.
Ich möchte ein Steak, bitte.

· 스테이크 굽기는 어떻게
해드릴까요?

뷔 뫼히튼 지 이어 스테이크 게브
라튼?
Wie möchten Sie Ihr Steak
gebraten?

· 레어로 해 주세요.

블루티히, 비트.
Blutig, bitte.

· 미디엄으로 해 주세요.

미디움, 비트.
Medium, bitte.

· 웰던으로 해 주세요.

굿 게브라튼, 비트.
Gut gebraten, bitte.

식당

12 해산물 🦐

Meeresfrüchte
[메어레스프류힉테]

· 해산물 요리로 할게요.

이히 뫼히트 아인 메어레스프류힉
테 메뉴.
Ich möchte ein Meeresfrüchte
Menü.

· 해산물 알레르기가 있어요.

이히 하브 아이느 메어레스프류힉
테 알러기.
Ich habe eine Meeresfrüchte
Allergie.

13 닭 🐔

Hähnchen
[헨헨]

· 닭 요리로 할게요.

이히 뫼히트 아인 메뉴 밋 헨헨.
Ich möchte ein Menü mit
Hähnchen.

· 닭 요리로 추천해 주실 수 있어요?

쾨넨 지 아인 헨헨 메뉴 엠풰엘른?
Können Sie ein Hähnchen Menü empfehlen?

· 닭이 덜 익었어요.

다스 헨헨 이슷 니히트 두어히.
Das Hähnchen ist nicht durch.

14 음료 🥤

Getränk
[게트랭크]

· 음료는 어떤 게 있어요?

봐스 퓨어 게트렝케 깁트 에스?
Was für Getränke gibt es?

· 그냥 물 주세요.

누어 봐써, 비트.
Nur Wasser, bitte.

· 탄산수 주세요.

아인 미네랄봐써, 비트.
Ein Mineralwasser, bitte.

· 사이다 주세요.

아인 슈프라이트, 비트.
Ein Sprite, bitte.

· 오렌지 주스 주세요.

아인 오헝쥰자프트, 비트.
Ein Orangensaft, bitte.

식당

· 와인 한 잔 주세요.　　　　　아인 글라스 봐인, 비트.
　　　　　　　　　　　　　　　Ein Glas Wein, bitte.

· 아이스티 주세요.　　　　　　아이는 아이스테, 비트.
　　　　　　　　　　　　　　　Einen Eistee, bitte.

TIP 독일에서는 물이 유료다. 만약 공짜 물을 원한다면, 수돗물을 부탁하면 된다. 수돗물(공짜 물)은 Leitungswasser[라이퉁스봐써]이다.

---

15 포크 Gabel
[가블]

· 포크 떨어뜨렸어요.　　　　　디 가블 이슷 헤룬터게팔렌.
　　　　　　　　　　　　　　　Die Gabel ist heruntergefallen.

· 포크 하나 더 주실 수 있　　　쾨넨 지 미어 노흐 아이느 가블 브
어요?　　　　　　　　　　　링엔?
　　　　　　　　　　　　　　　Können Sie mir noch eine
　　　　　　　　　　　　　　　Gabel bringen?

· 다른 포크로 주실 수 있　　　쾨넨 지 미어 아이느 안더레 가블
어요?　　　　　　　　　　　브링엔?
　　　　　　　　　　　　　　　Können Sie mir eine andere
　　　　　　　　　　　　　　　Gabel bringen?

---

16 나이프

Messer
[메써]

· 나이프 떨어뜨렸어요.

다스 메써 이슷 헤룬터게팔렌.
Das Messer ist
heruntergefallen.

· 나이프 하나 더 주실 수 있
어요?

쾨넨 지 미어 노흐 아인 메써 브링
엔?
Können Sie mir noch ein
Messer bringen?

· 다른 나이프로 주실 수 있
어요?

쾨넨 지 미어 아인 안더레스 메써
브링엔?
Können Sie mir ein anderes
Messer bringen?

17 디저트

Nachspeise
[나흐슈파이제]

· 디저트 뭐 있어요?

봐스 하븐 지 안 나흐슈파이즌?
Was haben Sie an
Nachspeisen?

식당

· 이제 디저트 먹을게요.

이히 뫼히트 옛츠트 아이느 나흐
슈파이제 에쓴.
Ich möchte jetzt eine
Nachspeise essen.

· 아이스크림 종류는 뭐
있어요?

봐스 퓨어 조아튼 아이스크렘 깁
트 에스?
Was für Sorten Eiscreme gibt
es?

· 디저트는 안 먹을게요.

이히 뫼히트 카이느 나흐슈파이
제.
Ich möchte keine Nachspeise.

18 휴지

Toilettenpapier
[토일레튼파피어]

· 화장실에 휴지가 없어요.

에스 깁트 카인 토일레튼파피어.
Es gibt kein Toilettenpapier.

· 물티슈 있어요?

하븐 지 포이힉테스 토일레튼파피
어?
Haben Sie feuchtes
Toilettenpapier?

19 계산서 📋

Rechnung
[레히눙]

· 계산할게요.

디 레히눙, 비트.
Die Rechnung, bitte.

· 계산서 주실래요?

쾨넨 지 미어 디 레히눙 게븐?
Können Sie mir die Rechnung
geben?

· 이 메뉴 안 시켰는데요.

이히 하브 디제스 메뉴 니히트 베
슈텔트.
Ich habe dieses Menü nicht
bestellt.

· 세금 포함한 금액이에요?

진 디 슈토이언 바이 데어 줌므 엔
트할튼?
Sind die Steuern bei der
Summe enthalten?

식당

호텔 124p   식당 158p   관광 192p   쇼핑 220p   귀국 240p

20 신용카드 💳　**Kreditkarte**
[크레딧카아트]

· 신용카드 되나요?　악쳅티어렌 지 크레딧카아튼?
Akzeptieren Sie Kreditkarten?

· 현금으로 할게요.　이히 차알르 인 바.
Ich zahle in bar.

21 팁 💵　**Trinkgeld**
[트링겔트]

· 팁 여기요.　다스 이슷 다스 트링겔트.
Das ist das Trinkgeld.

· 팁은 포함 안 되어 있습니다.　다스 트링겔트 이슷 니히트 엔트
할튼.
Das Trinkgeld ist nicht
enthalten.

· 팁은 테이블 위에 두었어요.　이히 하브 다스 트링겔트 아웁 뎀
티쉬 리겐 라쓴.
Ich habe das Trinkgeld auf dem
Tisch liegen lassen.

22 햄버거

Hamburger
[햄버거]

· 햄버거 하나만 할게요.

누어 아이는 햄버거, 비트.
Nur einen Hamburger, bitte.

· 햄버거로만 두 개요.

누어 츠바이 햄버거, 비트.
Nur zwei Hamburger, bitte.

· 햄버거 하나에 얼마예요?

뷔 필 코스텥트 누어 아인 햄버거?
Wie viel kostet nur ein
Hamburger?

23 감자튀김

Pommes Frites
[폼 프릿츠]

· 감자튀김만 하나 할게요.

누어 폼 프릿츠, 비트.
Nur Pommes Frites, bitte.

· 감자튀김만 얼마예요?

뷔 필 코스텥트 누어 아이느 포치
온 폼 프릿츠?
Wie viel kostet nur eine Portion
Pommes Frites?

식당

24 세트

Menü
[메뉴]

· 5번 세트 주세요.

아인말 메뉴 퓐프, 비트.
Einmal Menü 5, bitte.

· 세트 가격이에요?

이슷 다스 데어 메뉴프라이스.
Ist das der Menüpreis?

25 단품

einzeln
[아인첼른]

· 아니요, 단품으로요.

나인 당케, 아인첼른, 비트.
Nein danke, einzeln, bitte.

26 여기서 먹을거예요

zum hier Essen
[쭘 히어 에쓴]

· 드시고 가세요? 아니면 포장이세요?

쭘 히어 에쓴? 오더 쭘 밋네믄?
Zum hier Essen? Oder zum Mitnehmen?

· 여기서 먹을 거예요.

쭘 히어 에쓴.
Zum hier Essen.

27 포장이요

zum Mitnehmen
[쭘 밋네믄]

· 포장이에요.

쭘 밋네믄.
Zum Mitnehmen.

· 햄버거만 포장해 주실 수
있어요?

쾨넨 지 누어 덴 햄버거 아인팍큰?
Können Sie nur den Hamburger
einpacken?

28 소스

Soße
[소쎄]

식당

· 소스는 뭐뭐 있어요?

봐스 하븐 지 안 소쎈?
Was haben Sie an Soßen?

· 그냥 케첩 주세요.

누어 케챱, 비트.
Nur Ketchup, bitte.

· 칠리 소스 주세요.　　　　　칠리소쎄, 비트.
　　　　　　　　　　　　　　Chilisoße, bitte.

29 얼음

Eis
[아이스]

· 얼음 많이 주세요.　　　　　필 아이스, 비트.
　　　　　　　　　　　　　　Viel Eis, bitte.

· 얼음 조금만 주세요.　　　　누어 아인 비쓰헨 아이스, 비트.
　　　　　　　　　　　　　　Nur ein bisschen Eis, bitte.

· 얼음 빼고 주세요.　　　　　오느 아이스, 비트.
　　　　　　　　　　　　　　Ohne Eis, bitte.

30 냅킨

Serviette
[쎄어뷔에테]

· 냅킨 어디 있어요?　　　　　보 진 디 쎄어뷔에튼?
　　　　　　　　　　　　　　Wo sind die Servietten?

냅킨 더 주실 수 있어요?

쾨넨 지 미어 노흐 아인 파 쎄어뷔
에튼 브링엔?
Können Sie mir noch ein paar
Servietten bringen?

31 뜨거운

heiß
[하이스]

· 뜨거운 아메리카노
한 잔이요.

아이는 하이쓴 카페, 비트.
Einen heißen Kaffee, bitte.

· 뜨거운 라테 한 잔이요.

아이는 하이쓴 밀히카페, 비트.
Einen heißen Milchkaffee, bitte.

· 머그에 뜨거운 물 좀 주실
수 있어요?

쾨넨 지 미어 아이느 타쎄 하이쎄
스 봐써 게븐?
Können Sie mir eine Tasse
heißes Wasser geben?

식당

32 아이스

Eis
[아이스]

· 아이스 아메리카노 한 잔이 요.

아이는 카페 밋 아이스뷰어펠른, 비트.
Einen Kaffee mit Eiswürfeln, bitte.

· 아이스 라테 한 잔이요.

아이는 밀히카페 밋 아이스뷰어펠른, 비트.
Einen Milchkaffee mit Eiswürfeln, bitte.

· 얼음물 주실 수 있어요?

쾨넨 지 미어 아이스봐써 게븐?
Können Sie mir Eiswasser geben?

33 우유 📦

Milch
[밀히]

· 우유 많이 넣어 주세요.　밋 필 밀히, 비트.
　　　　　　　　　　　　Mit viel Milch, bitte.

· 우유 어떤 걸로 넣어 드릴　봐스 퓨어 밀히 뫼히튼 지?
　까요?　　　　　　　　　Was für Milch möchten Sie?

· 저지방 우유로 넣어　　　펫아므 밀히, 비트.
　주세요.　　　　　　　　Fettarme Milch, bitte.

· 두유로 넣어 주세요.　　　Sojamilch, bitte.
　　　　　　　　　　　　[소야밀히, 비트]

식당

34 사이즈   Größe
[그료쎄]

· 사이즈 어떤 걸로 드려요?   뷀혜 그료쎄 뫼히튼 지?
                         Welche Größe möchten Sie?

· 제일 큰 거 주세요.   디 그료스테 그료쎄, 비트.
                         Die größte Größe, bitte.

· 제일 작은 거 주세요.   디 클라인스테 그료쎄, 비트.
                         Die kleinste Größe, bitte.

35 케이크 🍰   **Kuchen**
[쿠흔]

· 케이크 종류 뭐 있어요?

뷀헤 조아튼 쿠흔 하븐 지?
Welche Sorten Kuchen haben Sie?

· 이 케이크는 얼마예요?

뷔 필 코스텥트 디저 쿠흔?
Wie viel kostet dieser Kuchen?

· 한 조각 주세요.

이히 네므 아인 슈튝크.
Ich nehme ein Stück.

· 초콜릿 케이크 주세요.

이히 뫼히트 아인 슈튝크 쇼콜라덴쿠흔.
Ich möchte ein Stück Schokoladenkuchen.

· 치즈 케이크 주세요.

이히 뫼히트 아인 슈튝크 케제쿠흔.
Ich möchte ein Stück Käsekuchen.

식당

호텔 124p   식당 158p   관광 192p   쇼핑 220p   귀국 240p

36 베이글 ⊖

Bagel
[베이글]

· 베이글 있어요?

하븐 지 베이글스?
Haben Sie Bagels?

· 베이글 뭐 있어요?

봐스 퓨어 베이글스 하븐 지?
Was für Bagels haben Sie?

· 데워 드릴까요?

졸 이히 에스 봠 막흔?
Soll ich es warm machen?

37 샌드위치 ◭

Sandwich
[쌘드위치]

· 샌드위치 있어요?

하븐 지 쌘드위치스?
Haben Sie Sandwiches?

· 샌드위치 뭐 있어요?

봐스 퓨어 쌘드위치스 하븐 지?
Was für Sandwiches haben
Sie?

· 빵 종류는 어떤 걸로
드릴까요?

뷀혜 브롯트아트 뫼히튼 지?
Welche Brotart möchten Sie?

· 그냥 밀가루 빵이요.

봐이세스 브롯트, 비트.
Weißes Brot, bitte.

· 호밀 빵이요.

쾨어너브롯트, 비트.
Körnerbrot, bitte.

· 여기엔 뭐 들어 있어요?

봐스 이슷 히어 드린?
Was ist hier drin?

· 양파 빼 주세요.

오느 츠비벨른, 비트.
Ohne Zwiebeln, bitte.

· 야채 추가요.

밋 게뮤즈, 비트.
Mit Gemüse, bitte.

· 치즈 추가요.

밋 케제, 비트.
Mit Käse, bitte.

· 햄 추가요.

밋 쉥켄, 비트.
Mit Schinken, bitte.

식당

38 와이파이 📶

WLAN
[뷀란]

· 여기 와이파이 되나요?

하븐 지 히어 뷀란?
Haben Sie hier WLAN?

· 와이파이 비밀번호 뭐예요?

봐스 이슷 다스 뷀란 파스보어트?
Was ist das WLAN Passwort?

· 와이파이 좀 연결해 주실 수 있어요?

쾨넨 지 미히 비트 밋 뎀 뷀란 풰어 빈든?
Können Sie mich bitte mit dem WLAN verbinden?

39 화장실 🚹🚺

Toilette
[토일레트]

· 화장실 어디 있어요?

보 진 디 토일레튼?
Wo sind die Toiletten?

· 누구 있어요?

이슷 디 토일레트 베젯츠트?
Ist die Toilette besetzt?

· 화장실이 잠겼어요.

디 토일레트 이슷 게슐로쓴.
Die Toilette ist geschlossen.

위급상황

01	너무 짠	zu salzig [쭈 잘치히]
02	너무 뜨거운	zu heiß [쭈 하이스]
03	너무 차가운	zu kalt [쭈 칼트]
04	너무 매운	zu scharf [쭈 샤프]
05	맛이 이상한	komisch [코미쉬]
06	리필하다	nachfüllen [나흐퓰른]
07	~이 없어요	Es gibt kein(e)... [에스 깁트 카인(카이느)...]

식당

· 이거 너무 짜요.
에스 이슷 쭈 잘치히.
Es ist zu salzig.

· 이거 너무 뜨거워요.
에스 이슷 쭈 하이스.
Es ist zu heiß.

· 조심하세요! 접시 뜨거워요.
아흐퉁, 데어 텔러 이슷 하이스!
Achtung, der Teller ist heiß!

· 이거 너무 차가워요.
에스 이슷 쭈 칼트.
Es ist zu kalt.

· 데워 주실 수 있어요?
쾨넨 지 다스 비트 아웁붸아멘?
Können Sie das bitte
aufwärmen?

· 이거 너무 매워요.
다스 이슷 쭈 샤프.
Das ist zu scharf.

· 너무 싱거워요.
다스 이슷 퐈아트.
Das ist fad.

· 소금 좀 주실 수 있어요?

쾨넨 지 미어 에트바스 잘츠 브링엔?
Können Sie mir etwas Salz bringen?

· 이거 맛이 이상한데요.

다스 슈멕트 코미쉬.
Das schmeckt komisch.

· 리필 되나요?

칸 만 히어 나흐퓰른?
Kann man hier nachfüllen?

· 이거 리필해 주실 수 있어요?

쾨넨 지 다스 나흐퓰른?
Können Sie das nachfüllen?

· 다른 음료로 리필해 주실 수 있어요?

칸 이히 아인 안더레스 게트랭크 나흐퓰른?
Kann ich ein anderes Getränk nachfüllen?

식당

· 우유가 없어요.

에스 깁트 카이느 밀히.
Es gibt keine Milch.

· 소금이 없어요.

에스 깁트 카인 잘츠.
Es gibt kein Salz.

빨리찾아

관광

기내 30p   공항 46p   거리 68p   택시&버스 86p   전철&기차 104p

관광

관광할 때

01 매표소 🔲

Kasse
[카쓰]

· 매표소 어디예요?

보 이슷 디 카쓰?
Wo ist die Kasse?

· 매표소 가까워요?

이슷 디 카쓰 인 데어 네에?
Ist die Kasse in der Nähe?

· 매표소 열었어요?

이슷 디 카쓰 게외프넷?
Ist die Kasse geöffnet?

02 할인 💵

Rabatt
[라밧트]

· 할인되나요?

깁트 에스 라바트?
Gibt es Rabatt?

· 학생 할인되나요?　　　　　　킵트 에스 슐러라바트?
　　　　　　　　　　　　　　　Gibt es Schülerrabatt?

· 할인된 가격이에요?　　　　　이슷 다스 데어 레두치어테 프라
　　　　　　　　　　　　　　　이스?
　　　　　　　　　　　　　　　Ist das der reduzierte Preis?

03 입구 　　　**Eingang**
　　　　　　　　　　　　　　　[아인강]

· 입구가 어디예요?　　　　　　보 이슷 데어 아인강?
　　　　　　　　　　　　　　　Wo ist der Eingang?

· 입구가 안 보여요.　　　　　　이히 제에 덴 아인강 니히트.
　　　　　　　　　　　　　　　Ich sehe den Eingang nicht.

· 이 방향이 입구예요?　　　　　이슷 데어 아인강 인 디저 리히퉁?
　　　　　　　　　　　　　　　Ist der Eingang in dieser
　　　　　　　　　　　　　　　Richtung?

관광

04 출구

Ausgang
[아우쓰강]

· 출구가 어디죠?

보 이슷 데어 아우쓰강?
Wo ist der Ausgang?

· 출구가 안 보여요.

이히 제에 덴 아우쓰강 니히트.
Ich sehe den Ausgang nicht.

· 이 방향이 출구예요?

이슷 데어 아우쓰강 인 디저 리히
퉁?
Ist der Ausgang in dieser
Richtung?

05 입장료

Eintrittspreis
[아인트릿츠프라이스]

· 입장료가 얼마죠?

뷔 필 코스텥트 데어 아인트릿트?
Wie viel kostet der Eintritt?

· 어린이 입장료는 얼마죠?

뷔 필 코스텥트 데어 아인트릿 퓨
어 킨더?
Wie viel kostet der Eintritt für
Kinder?

· 어른 입장료는 얼마죠?

뷔 필 코스텥트 데어 아인트릿 퓨어 에어봑쓰느?

Wie viel kostet der Eintritt für Erwachsene?

· 입장료만 내면 다 볼 수 있나요?

칸 이히 알레쓰 안슈아우은, 붼 이히 덴 아인트릿 베차알트?

Kann ich alles anschauen, wenn ich den Eintritt bezahle?

06 추천 👍

Empfehlung
[엠풰엘룽]

· 추천할 만한 볼거리 있어요?

하븐 지 아이느 엠풰엘룽 쭘 안슈아우은?

Haben Sie eine Empfehlung zum Anschauen?

· 제일 추천하는 건 뭐예요?

봐스 뷰어든 지 암 마이스튼 엠풰엘른?

Was würden Sie am meisten empfehlen?

관광

· 추천하는 코스가 있나요?

깁트 에스 아이느 루트, 디 지 엠풰 엘른 쾨는?
Gibt es eine Route, die Sie empfehlen können?

07 안내소 🛈

Informationsbüro
[인포마치온스뷰로]

· 안내소가 어디예요?

보 이슷 다스 인포마치온스뷰로?
Wo ist das Informationsbüro?

· 안내소가 여기서 멀어요?

이슷 다스 인포마치온스뷰로 봐잇 벡 폰 히어?
Ist das Informationsbüro weit weg von hier?

· 가까운 안내소는 어디예요?

보 이슷 다스 네히스테 인포마치 온스뷰로?
Wo ist das nächste Informationsbüro?

08 관광 명소

Sehenswürdigkeit
[제엔스뷰어디히카잇트]

· 제일 유명한 관광 명소가
어떤 거죠?

뷀혜 이슷 디 베칸테스테 제엔스
뷰어디히카잇트 히어?
Welche ist die bekannteste
Sehenswürdigkeit hier?

· 관광 명소 추천해 주실 수
있어요?

쾨넨 지 미어 아이느 제엔스뷰어
디히카잇트 엠풰엘른?
Können Sie mir eine
Sehenswürdigkeit empfehlen?

09 브로셔

Broschüre
[브로슈흐레]

· 브로셔 어디서 구해요?

보 칸 이히 아이느 브로슈흐레 베
코멘?
Wo kann ich eine Broschüre
bekommen?

관광

· 브로셔 하나 주실 수 있어요?

쾨넨 지 미어 아이느 브로슈흐레 게븐?

Können Sie mir eine Broschüre geben?

· 한국어 브로셔 있어요?

하븐 지 아이느 브로슈흐레 아웁 코레아니쉬?

Haben Sie eine Broschüre auf Koreanisch?

10 영업 시간 Öffnungszeiten
[외프눙스차잇튼]

· 영업 시간이 언제예요?

뷔 진 디 외프눙스차잇튼?

Wie sind die Öffnungszeiten?

· 언제 열어요?

움 뷔 필 우어 외프넨 지?

Um wie viel Uhr öffnen Sie?

· 언제 닫아요?

움 뷔 필 우어 슐리쓴 지?

Um wie viel Uhr schließen Sie?

11 시간표

Zeitplan
[차잇트플란]

· 시간표 어디서 봐요?

보 칸 이히 덴 차잇트플란 제엔?
Wo kann ich den Zeitplan
sehen?

· 이 공연 시간표가 어떻게
되나요?

뷔 이슷 데어 차잇트플란 퓨어 디
제 아우퓨룽?
Wie ist der Zeitplan für diese
Aufführung?

· 해설사가 설명해주는 건
언제예요?

움 뷔 필 우어 깁트 에스 아이느 에
어클레어룽?
Um wie viel Uhr gibt es eine
Erklärung?

관광

12 사진

Foto
[포토]

· 사진 찍으시면 안 됩니다.
포토그라퓌어렌 이슷 풰어보튼.
Fotografieren ist verboten.

· 사진 찍어도 되나요?
다프 이히 아인 포토 마흔?
Darf ich ein Foto machen?

· 사진 한 장만 찍어 줄래요?
쾨넨 지 아인 포토 마흔?
Können Sie ein Foto machen?

· 이거랑 같이 찍어 주실 수 있어요?
쾨넨 지 다밋 아인 포토 마흔?
Können Sie damit ein Foto machen?

· 우리 같이 찍어요.
마흔 뷔어 아인 포토 쭈잠믄.
Machen wir ein Foto zusammen.

13 설명 📑

Erklärung
[에어클레어룽]

· 이거 설명해 주실 수 있
  어요?

쾨넨 지 다스 에어클레어렌?
Können Sie das erklären?

· 설명해 주시는 분 있어요?

깁트 에스 아이는 가이드?
Gibt es einen Guide?

· 한국어로 된 설명도 있어요?

하븐 지 아이느 에어클레어룽 아
웁 코레아니쉬?
Haben Sie eine Erklärung auf
Koreanisch?

· 영어로 된 설명도 있어요?

하븐 지 아이느 에어클레어룽 아
웁 엥리쉬?
Haben Sie eine Erklärung auf
Englisch?

관광

14 일정 🕐📅

Programm
[프로그람]

· 이 공연 스케줄은 언제예요?   뷔 이슷 다스 프로그람 퓨어 디제
아우퓨룽?
Wie ist das Programm für diese
Aufführung?

· 자세한 스케줄은 어디서   보 칸 이히 다스 게나우에 프로그
봐요?   람 제엔?
Wo kann ich das genaue
Programm sehen?

· 이 스케줄이 맞아요?   슈팀 디제스 프로그람?
Stimmt dieses Programm?

15 출발

Abfahrt
[압파아트]

· 출발이 언제예요?

본 이슷 디 압파아트차잇트?
Wann ist die Abfahrtszeit?

· 출발을 조금만 늦게 하면
안 되나요?

쾨넨 뷔어 에트바스 슈페터 압파
아른?
Können wir etwas später
abfahren?

· 출발 시간이 너무 빨라요.

디 압파아트차잇트 이슷 쭈 프류.
Die Abfahrtszeit ist zu früh.

관광

16 도착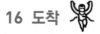

Ankunft
[안쿤프트]

· 도착이 언제예요?

본 이슷 디 안쿤프츠차잇트?
Wann ist die Ankunftszeit?

· 도착 시간이 너무 늦네요.

디 안쿤프츠차잇트 이슷 쭈 슈펫
트.
Die Ankunftszeit ist zu spät.

17 시티 투어

Stadtführung
[슈타트퓨어룽]

· 시티 투어 하고 싶어요.

이히 뫼히트 아이느 슈타트퓨어룽
마흔.
Ich möchte eine Stadtführung
machen.

· 시티 투어 예약할게요.

이히 뫼히트 아이느 슈타트퓨어룽
레저뷔어른.
Ich möchte eine Stadtführung
reservieren.

· 시티 투어 자리 있어요?

깁트 에스 노흐 플렛쩨 퓨어 디 슈타트퓨어룽?

Gibt es noch Plätze für die Stadtführung?

18 지도 Karte
[카아트]

· 지도 있어요?

하븐 지 아이느 카아트?

Haben Sie eine Karte?

· 시티 투어 지도 있어요?

하븐 지 아이느 카아트 퓨어 디 슈타트퓨어룽?

Haben Sie eine Karte für die Stadtführung?

· 지도 좀 같이 봐도 될까요?

다프 이히 이어레 카아트 제엔?

Darf ich Ihre Karte sehen?

관광

19 선물 가게 🎁

Souvenirgeschäft
[쑤브니어게쉐프트]

· 선물 가게 어디 있어요?
보 이슷 아인 쑤브니어게쉐프트?
Wo ist ein Souvenirgeschäft?

· 선물 가게 멀어요?
이슷 다스 쑤브니어게쉐프트 봐잇 벡?
Ist das Souvenirgeschäft weit weg?

· 기념품 사려고요.
이히 뫼히트 아인 쑤브니어 카우픈.
Ich möchte ein Souvenir kaufen.

20 공연 👫👫

Aufführung
[아웁퓨어룽]

· 공연 볼 거예요.
이히 뫼히트 아이느 아웁퓨어룽 안제엔.
Ich möchte eine Aufführung ansehen.

· 공연 언제 시작해요?	움 뷔 필 우어 베긴트 디 아웁퓨어 룽? Um wie viel Uhr beginnt die Aufführung?
· 공연 언제 끝나요?	움 뷔 필 우어 엔뎃트 디 아웁퓨어 룽? Um wie viel Uhr endet die Aufführung?
· 공연이 취소되었습니다.	디 아웁퓨어룽 부어데 압그작트. Die Aufführung wurde abgesagt.

21 예매 🎟️   Reservierung
[레저비어룽]

· 티켓 예매하려고요.	이히 뫼히트 아인 티켓 레저비어른. Ich möchte ein Ticket reservieren.
· 예매하면 할인되나요?	깁트 에스 아인 라바트, 뷔 이히 레 저뷔어레? Gibt es ein Rabatt, wenn ich reserviere?

관광

· 예매 안 했어요.

이히 하브 니히트 레저뷔엇트.
Ich habe nicht reserviert.

22 공연 시간 🕐

Aufführungsdauer
[아웁퓨어룽스다우어]

· 공연 시간이 얼마나 되죠?

뷔 랑으 다우얻트 디 아웁퓨어룽?
Wie lange dauert die
Aufführung?

· 공연 시간 동안 뭐 먹어도
되나요?

다프 만 붸렌 데어 아웁퓨어룽 에
쓴?
Darf man während der
Aufführung essen?

· 공연 시간 동안 사진 찍어
도 되나요?

다프 만 붸렌 데어 아웁퓨어룽 포
토그라퓌어른?
Darf man während der
Aufführung fotografieren?

23 매진된 🎟️

ausverkauft
[아우스풰어카우프트]

· 매진되었나요?

이슷 에스 아우스풰어카우프트?
Ist es ausverkauft?

· 다음 공연은 몇 시예요?

움 뷔 필 우어 이슷 디 네히스트 아
웁퓨어룽?
Um wie viel Uhr ist die nächste
Aufführung?

· 아예 표가 없어요?

하븐 지 가 카이느 카아튼 메어?
Haben Sie gar keine Karten
mehr?

· 자리가 나면 연락 주실 수
있어요?

쾨넨 지 미히 비트 안루픈, 벤 카아
튼 위브리히 블라이븐?
Können Sie mich bitte anrufen,
wenn Karten übrig bleiben?

TIP 영어의 ticket[티켓]도 통용되지만, 그보다 더 많이 사용되는 어휘는 탑승권, 콘
서트 표, 입장권 등을 통칭하는 Karte[카아트]이다.

관광

호텔 124p   식당 158p   관광 192p   쇼핑 220p   귀국 240p

24 좌석 🪑 　　　　**Platz**
[플랏츠]

· 앞 좌석으로 주실 수 있어요?　쾨넨 지 미어 아이는 플랏츠 포어
　　　　　　　　　　　　　네 게븐?
　　　　　　　　　　　　　Können Sie mir einen Platz
　　　　　　　　　　　　　vorne geben?

· 뒷좌석으로 주실 수 있어요?　쾨넨 지 미어 아이는 플랏츠 힌튼
　　　　　　　　　　　　　게븐?
　　　　　　　　　　　　　Können Sie mir einen Platz
　　　　　　　　　　　　　hinten geben?

· 중간 좌석으로 주실 수 있　쾨넨 지 미어 아이는 플랏츠 인 데
　어요?　　　　　　　　　어 미트 게븐?
　　　　　　　　　　　　　Können Sie mir einen Platz in
　　　　　　　　　　　　　der Mitte geben?

· 좋은 자리로 주세요.　　　게븐 지 미어 아이는 구튼 플랏츠,
　　　　　　　　　　　　　비트.
　　　　　　　　　　　　　Geben Sie mir einen guten
　　　　　　　　　　　　　Platz, bitte.

25 휴식 시간 ⏰

Pause
[파우제]

· 휴식 시간이 언제예요?
반 이슷 디 파우제?
Wann ist die Pause?

· 휴식 시간 있어요?
깁트 에스 아이느 파우제?
Gibt es eine Pause?

· 휴식 시간이 몇 분이에요?
뷔 필 미누튼 다우엍트 디 파우제?
Wie viel Minuten dauert die
Pause?

26 자막 .Smi

Untertitel
[운터티틀]

· 자막 있어요?
깁트 에스 운터티틀?
Gibt es Untertitel?

· 한국어 자막 있어요?
깁트 에스 운터티틀 아웁 코레아
니쉬?
Gibt es Untertitel auf
Koreanisch?

관광

· 영어 자막 나와요?　　　　　깁트 에스 운터티틀 아웁 엥리쉬?
　　　　　　　　　　　　　　Gibt es Untertitel auf Englisch?

27 금지 🚫　　　　　**Verbot**
　　　　　　　　　　　　　　[페어봇트]

· 촬영 금지　　　　　　　　포토그라피어렌 페어봇튼
　　　　　　　　　　　　　　Fotografieren verboten

· 플래시 금지　　　　　　　블릿츠 페어봇튼
　　　　　　　　　　　　　　Blitz verboten

· 진입 금지　　　　　　　　아인트릿트 페어봇튼
　　　　　　　　　　　　　　Eintritt verboten

· 반려동물 금지　　　　　　티어레 페어봇튼
　　　　　　　　　　　　　　Tiere verboten

· 비디오 촬영 금지　　　　　뷔디오아웁나믄 페어봇튼
　　　　　　　　　　　　　　Videoaufnahmen verboten

28 화장실 ♥|♣

Toilette
[토일레트]

· 화장실 어디 있어요?

보 이슷 디 토일레튼?
Wo ist die Toiletten?

· 화장실 밖으로 나가야 되나요?

진 디 토일레튼 드라우쓴?
Sind die Toiletten draußen?

· 화장실 멀리 있어요?

진 디 토일레튼 봐잇 붹?
Sind die Toiletten weit weg?

관광

위급상황

· 티켓 잃어버렸어요.　　　　　이히 하브 마인 티켓 풰얼로어렌.
　　　　　　　　　　　　　　　Ich habe mein Ticket verloren.

· 가방 잃어버렸어요.　　　　　이히 하브 마이느 타쉐 풰얼로어렌.
　　　　　　　　　　　　　　　Ich habe meine Tasche
　　　　　　　　　　　　　　　verloren.

· 제 휴대폰 잃어버렸어요.　　　이히 하브 마인 핸디 풰얼로어렌.
　　　　　　　　　　　　　　　Ich habe mein Handy verloren.

· 제 가이드를 잃어버렸어요.　　이히 하브 마이느 가이드 풰얼로
　　　　　　　　　　　　　　　어렌.
　　　　　　　　　　　　　　　Ich habe meinen Guide
　　　　　　　　　　　　　　　verloren.

· 분실물 센터가 어디예요?　　　보 이슷 다스 푼트뷰로?
　　　　　　　　　　　　　　　Wo ist das Fundbüro?

· 제 버스 찾아야 해요.　　　　　이히 무쓰 마이느 부스 퓐든.
　　　　　　　　　　　　　　　Ich muss meinen Bus finden.

· 공중전화 어디 있어요?　　　　보 이슷 디 텔레폰첼르?
　　　　　　　　　　　　　　　Wo ist die Telefonzelle?

관광

빨리찾아

쇼핑

쇼핑할 때

01 청바지

Jeans
[진스]

· 청바지 보려고요.
이히 주흐 아이느 진스.
Ich suche eine Jeans.

· 반바지 있어요?
하븐 지 쿠어쩨 호즌?
Haben Sie kurze Hosen?

02 후드

Pullover
[풀오버]

· 후드 티 종류 보려고요.
이히 주흐 아이는 풀오버.
Ich suche einen Pullover.

· 후드 티 어디 있어요?
보 진 디 풀오버?
Wo sind die Pullover?

· 트레이닝 상의 있어요?
하븐 지 트레이닝스야켄?
Haben Sie Trainingsjacken?

쇼핑

03 셔츠

Hemd
[헴트]

· 셔츠 보려고요.

이히 주흐 아인 헴트.
Ich suche ein Hemd.

· 반팔 셔츠 볼게요.

이히 주흐 아인 쿠어쯔에아멜리게스 헴트.
Ich suche ein kurzärmeliges Hemd.

· 넥타이도 볼 거예요.

이히 주흐 아우흐 아이느 크라봐트.
Ich suche auch eine Krawatte.

04 치마

Rock
[록]

· 치마 보려고요.

이히 주흐 아이느 록.
Ich suche einen Rock.

· 긴 치마 있어요?

하븐 지 랑에 록크?
Haben Sie lange Röcke?

· 짧은 치마 있어요?

하븐 지 쿠어쩨 뢱크?
Haben Sie kurze Röcke?

05 입어/
신어볼게요   anprobieren
[안프로비어렌]

· 이거 입어/신어볼게요.

이히 뫼히트 다스 안프로비어렌.
Ich möchte das anprobieren.

· 다른 거 입어/신어볼게요.

이히 뫼히트 봐스 안더레스 안프
로비어렌.
Ich möchte was Anderes
anprobieren.

06 피팅룸   Umkleidekabine
[움클라이데카비느]

· 피팅룸 어디예요?

보 이슷 디 움클라이데카비느?
Wo ist die Umkleidekabine?

쇼핑

호텔 124p   식당 158p   관광 192p   쇼핑 220p   귀국 240p

· 피팅룸 못 찾겠어요.

이히 퓐드 디 움클라이데카비느 니히트.
Ich finde die Umkleidekabine nicht.

· 이걸로 할게요.

이히 네므 다스.
Ich nehme das.

07 사이즈

Größe
[그료쎄]

· 사이즈가 어떻게 되세요?

뷀혜 그료쎄 하븐 지?
Welche Größe haben Sie?

· 너무 커요.

쭈 그로스.
Zu groß.

· 너무 작아요.

쭈 클라인.
Zu klein.

· 더 큰 걸로 주실 수 있어요?

쾬넨 지 미어 아이느 그료쎄 그료쎄 브링엔?
Können Sie mir eine Größe größer bringen?

· 더 작은 걸로 주실 수 있어요?

쾨넨 지 미어 아이느 그료쎄 클라이너 브링엔?

Können Sie mir eine Gräße kleiner bringen?

08 지역

Gegend
[게겐트]

· 이 지역에서 유명한 게 뭐예요?

봐스 이슷 베륨트 인 디저 게겐트?

Was ist berühmt in dieser Gegend?

09 포장

Verpackung
[풰어파쿵]

· 포장해 주실 수 있어요?

쾨넨 지 다스 풰어파큰?

Können Sie das verpacken?

쇼핑

10 추천 👍

Empfehlung
[엠풰엘룽]

· 추천할 만한 선물 있어요?

쾨넨 지 아인 게쉥크 엠풰엘른?
Können Sie ein Geschenk
empfehlen?

· 부모님 선물 추천해 주실
수 있어요?

쾨넨 지 아인 게쉥크 퓨어 마이느
엘터언 엠풰엘른?
Können Sie ein Geschenk für
meine Eltern empfehlen?

· 남자 친구 선물 추천해 주
실 수 있어요?

쾨넨 지 아인 게쉥크 퓨어 마이는
프러인트 엠풰엘른?
Können Sie ein Geschenk für
meinen Freund empfehlen?

· 여자 친구 선물 추천해 주
실 수 있어요?

쾨넨 지 아인 게쉥크 퓨어 마이느
프러인딘 엠풰엘른?
Können Sie ein Geschenk für
meine Freundin empfehlen?

11 지불 **Bezahlung**
[베차알룽]

· 지불은 어떻게 하시겠어요? 뷔 베차알른 지?
Wie bezahlen Sie?

· 신용카드 되나요? 악쳅티어렌 지 크레딧카아튼?
Akzeptieren Sie Kreditkarten?

· 현금으로 할게요. 이히 베차알르 인 바.
Ich bezahle in bar.

12 할인 **Rabatt**
[라밧트]

· 할인되나요? 깁트 에스 라밧트?
Gibt es Rabatt?

쇼핑

13 세일 SALE

Angebot
[안게봇트]

· 이거 세일해요?

이슷 다스 임 안게봇트?
Ist das im Angebot?

· 이건 세일 품목이 아닙니다.

다스 이슷 니히트 레두치엇트.
Das ist nicht reduziert.

14 영수증 📄

Rechnung
[레히눙]

· 영수증 드릴까요?

뫼히튼 지 디 레히눙?
Möchten Sie die Rechnung?

· 영수증 주실 수 있어요?

쾨넨 지 미어 디 레히눙 게븐?
Können Sie mir die Rechnung
geben?

15 둘러보다 😊

umschauen
[움슈아우은]

· 그냥 보는 거예요.

이히 슈아우으 미히 누어 움.
Ich schaue mich nur um.

· 도움이 필요하면 부를게요.
감사합니다.

이히 멜데 미히, 벤 이히 에트바스
브라우흐, 당케.
Ich melde mich, wenn ich etwas
brauche, danke.

16 이거 있어요? 📢

Haben Sie …?
[하븐 지]

· 다른 거 있어요?

하븐 지 바스 안더레스?
Haben Sie was Anderes?

· 색깔 다른 거 있어요?

하븐 지 아이느 안더레 파아브?
Haben Sie eine andere Farbe?

· 큰 거 있어요?

하븐 지 에트바스 그료써레스?
Haben Sie etwas Größeres?

쇼핑

호텔 124p   식당 158p   관광 192p   쇼핑 220p   귀국 240p

· 작은 거 있어요?

하븐 지 에트바스 클라이너레스?
Haben Sie etwas Kleineres?

17 향수 🏺

Parfüm
[파퓨움]

· 향수 보려고요.

이히 뫼히트 파퓨움.
Ich möchte Parfüm.

· 이거 시향해 볼게요.

이히 뫼히트 디제스 파퓨움 아우
스프로비어렌.
Ich möchte dieses Parfüm
ausprobieren.

· 달콤한 향 있어요?

하븐 지 아이는 쥬쓴 두프트?
Haben Sie einen süßen Duft?

· 상큼한 향 있어요?

하븐 지 아이는 프룩흐티근 두프
트?
Haben Sie einen fruchtigen
Duft?

18 화장품 📱

Kosmetik
[코스메틱]

· 화장품 보려고요.
이히 뫼히트 코스메틱.
Ich möchte Kosmetik.

· 화장품 코너 어디예요?
보 이슷 디 코스메틱압타일룽?
Wo ist die Kosmetikabteilung?

19 시계 ⏰

Uhr
[우어]

· 손목시계 보려고요.
이히 뫼히트 아이느 암반트우어.
Ich möchte eine Armbanduhr.

· 남성용으로요.
아이느 우어 퓨어 매너.
Eine Uhr für Männer.

· 여성용으로요.
아이느 우어 퓨어 프라우엔.
Eine Uhr für Frauen.

쇼핑

20 가방 🐱

Tasche
[타쉐]

· 숄더백 보여 주실 수 있어요?
쾨넨 지 미어 디 움행에타쉔 차이겐?
Können Sie mir die Umhängetaschen zeigen?

· 토트백 보여 주실 수 있어요?
쾨넨 지 미어 디 트라게타쉔 차이겐?
Können Sie mir die Tragetaschen zeigen?

· 지갑 보여 주실 수 있어요?
쾨넨 지 미어 디 겔트보이텔 차이겐?
Können Sie mir die Geldbeutel zeigen?

21 주류 🍷

Alkohol
[알코홀]

· 술은 어디서 살 수 있어요?
보 칸 이히 알코홀 카우픈?
Wo kann ich Alkohol kaufen?

· 위스키 보여 주실 수 있어요?	쾨넨 지 미어 디 뷔스키 차이겐?
	Können Sie mir die Whiskey zeigen?
· 와인 보여 주실 수 있어요?	쾨넨 지 미어 디 봐이느 차이겐?
	Können Sie mir die Weine zeigen?
· 제가 몇 병 살 수 있어요?	뷔 필레 플라쉔 칸 이히 카우픈?
	Wie viele Flaschen kann ich kaufen?

22 깨지기 쉬운 🏆 leicht zerbrechlich
[라이히트 체어브레힐리히]

· 이거 깨지기 쉬워요.	다스 이슷 라이히트 체어브레힐리히.
	Das ist leicht zerbrechlich.
· 잘 포장해 주실 수 있어요?	쾨넨 지 다스 굿 아인파큰?
	Können Sie das gut einpacken?

쇼핑

호텔 124p   식당 158p   관광 192p   쇼핑 220p   귀국 240p

위급상황

· 이미 돈 냈어요! 이히 하브 숀 베차알트!
Ich habe schon bezahlt!

· 내 잘못이 아니에요. 다스 이슷 니히트 마인 풰엘러.
Das ist nicht mein Fehler.

· 확인해 보셨어요? 하븐 지 에스 위버프류프트?
Haben Sie es überprüft?

· 경찰 불러 주실 수 있어요? 쾨넨 지 디 폴리차이 루픈?
Können Sie die Polizei rufen?

· 대사관에 전화하겠어요. 이히 뫼히트 밋 데어 보옷슈아프
트 텔레포니어렌.
Ich möchte mit der Botschaft
telefonieren.

· 교환하고 싶어요. 이히 뫼히트 다스 움타우슌.
Ich möchte das umtauschen.

· 영수증 있으세요? 하븐 지 디 레히눙?
Haben Sie die Rechnung?

쇼핑

· 어떤 걸로 교환하시겠어요?　게겐 봐스 뷜렌 지 움타우슌?
Gegen was wollen Sie
umtauschen?

· 작동이 안돼요.　에스 풍치오니엇 니히트.
Es funktioniert nicht.

· 흠이 있어요.　Es ist defekt.
에스 이슷 데펙트

· 사이즈 때문에요.　붸겐 데어 그료쎄.
Wegen der Größe.

· 이거 환불하고 싶어요.　이히 뫼히트 아이느 류에어슈타퉁.
Ich möchte eine
Rückerstattung.

· 왜 환불하려고 하세요?　봐룸 뫼히튼 지 아이느 류에어슈타퉁?
Warum möchten Sie eine
Rückerstattung?

· 결제하셨던 카드 있으세요?	하븐 지 디 카아트, 밋 데어 지 베차알트 하븐? Haben Sie die Karte, mit der Sie bezahlt haben?
· 너무 커요. 작은 걸로 바꿔 주세요.	에스 이슷 쭈 그로스. 칸 이히 에스 인 아인 클라이너레스 움타우슌? Es ist zu groß. Kann ich es in ein Kleineres umtauschen?
· 너무 작아요. 큰 걸로 바꿔 주세요.	에스 이슷 쭈 클라인. 칸 이히 에스 인 아인 그료써레스 움타우슌? Es ist zu klein. Kann ich es in ein Größeres umtauschen?
· 이거 안 맞아요.	에스 파슷 미어 니히트. Es passt mir nicht.
· 다른 걸로 주실 수 있어요?	쾨넨 지 미어 아인 안더레스 게븐? Können Sie mir ein Anderes geben?

쇼핑

빨리찾아

귀국할 때

01 확인하다 🔍

überprüfen
[위버프류픈]

· 제 비행기 확인하려고요.

이히 뫼히트 마이는 플룩 위버프류픈.

Ich möchte meinen Flug überprüfen.

· 제 티켓 확인하려고요.

이히 뫼히트 마인 티켓 위버프류픈.

Ich möchte mein Ticket überprüfen.

· 제 자리 확인하려고요.

이히 뫼히트 마이는 플랏츠 위버프류픈.

Ich möchte meinen Platz überprüfen.

02 변경하다 📖

ändern
[엔더언]

· 제 비행기 변경하려고요.
이히 뫼히트 마이는 플룩 엔더언.
Ich möchte meinen Flug ändern.

· 제 티켓 변경하려고요.
이히 뫼히트 마인 티켓 엔더언.
Ich möchte mein Ticket ändern.

· 제 자리 변경하려고요.
이히 뫼히트 마이는 플랏츠 엔더언.
Ich möchte meinen Platz ändern.

03 제한

Beschränkung
[베슈렝쿵]

· 중량 제한이 얼마예요?

뷔 터이어 이슷 디 게뷔히츠베슈렝쿵?
Wie teuer ist die Gewichtsbeschränkung?

· 기내 중량 제한은요?

운 디 게뷔히츠베슈렝쿵 퓨어 다스 플룩게펙?
Und die Gewichtsbeschränkung für das Fluggepäck?

04 연착

Verspätung
[풰어슈페퉁]

· 비행기가 연착되었습니다.

다스 플룩쪼익 핫 풰어슈페퉁.
Das Flugzeug hat Verspätung.

· 얼마나 기다려요?

뷔 랑으 무쓰 이히 봐튼?
Wie lange muss ich warten?

· 다른 비행기로 바꿀 수
있어요?

칸 이히 아웁 아이는 안더렌 플룩
붹셀른?
Kann ich auf einen anderen
Flug wechseln?

05 요청하다 🗣 bitten
[비튼]

· 기내식을 채식으로 요청하
려고요.

이히 해테 게아느 뷔게타리쉐스
에쎈.
Ich hätte gerne vegetarisches
Essen.

· 어린이 기내식 요청하려
고요.

이히 해테 게아느 에쎈 퓨어 킨더.
Ich hätte gerne Essen für
Kinder.

· 지금 요청이 불가능해요?

이슷 에스 운뫼글리히, 옛츳트 다
룸 쭈 비튼?
Ist es unmöglich, jetzt darum zu
bit ten?

06 환승

Umstieg
[움슈틱]

· 경유해서 인천으로 가요.

이히 슈타이게 움 운트 플리그 나흐 인천.

Ich steige um und fliege nach Incheon.

위급상황

· 제 항공권을 잃어버렸어요. 이히 하브 마인 플룩티켓 풰얼로어렌.
Ich habe mein Flugticket verloren.

· 제 여권을 잃어버렸어요. 이히 하브 마이는 라이제파스 풰얼로어렌.
Ich habe meinen Reisepass verloren.

· 제 비행기를 놓쳤어요. 이히 하브 마이는 플룩 풰어파숫트.
Ich habe meinen Flug verpasst.

· 다음 비행 편은 언제예요? 봔 이슷 데어 네히스테 플룩?
Wann ist der nächste Flug?

· 다른 항공사도 상관없어요. 아이느 안더레 플룩리니에 이슷 아우흐 오케에이.
Eine andere Fluglinie ist auch okay.

· 얼마나 추가 요금이 붙는데요? 뷔 터이어 진 디 추잣츠게뷔어렌?
Wie teuer sind die Zusatzgebühren?

귀국

시원스쿨닷컴